新・学汉语2

XUE HANYU

一 新・学漢語2

JN008699

日中学院教材研究チーム 編著

白帝社

はじめに

　『新・学漢語1』の続編として、この度『新・学漢語2』も新たに出版することとなりました。

　『学漢語』シリーズは社会人や学生を対象に、日中学院の教育の現場で蓄積された経験をもとに編まれたテキストです。「機能＋構造＋文化」を主軸として、異文化コミュニケーションや実用性を考慮しました。

　『新・学漢語1』に引き続き、日本と中国を舞台に様々な場面でのやりとりが繰り広げられます。会話や短文を学習しながら、"听说读写"（聞く、話す、読む、書く）の訓練を通じ、中国語の表現力をより自然で確実なものにすることを目標としています。

　またこのテキストは中国語検定試験やHSK（"汉语水平考试"）も視野に入れ、出題される文型や単語などにも多く触れています。練習問題を繰り返すことで試験などに対応する力もつけることができるでしょう。

　文化の異なる者同士が互いに通じ合える喜びを実感するためには、「以心伝心」だけでは難しく、「以言伝心」、つまり言葉で気持ちを伝え合う必要があると思います。『新・学漢語2』も皆さんの「以言伝心」の手助けになると信じております。

　この本の出版にあたっては白帝社の十時真紀さんに大変お世話になりました。心から感謝しております。また、教科書の試用段階でご協力くださった皆様にも御礼を申し上げたいと思います。最後に、この本が日中相互理解の架け橋となり、皆様のお役に立てることを心から願っております。

　　谢谢大家！

教科書編集委員会

テキストの使い方

本書は『新・学漢語1』の続編です。第一課〜第十課の全10課で、以下の10の内容から構成されています。

1	本文	6	補充単語
2	学習ポイント	7	詩の鑑賞
3	練習	8	こんな時どういうの？
4	単語	9	付録
5	まとめ	10	単語一覧

1 本文

各課の中心となる部分で、会話文や短文から成り立っています。場面の設定は日本や中国です。ビジネスや日常生活などで役に立つ表現が盛り込まれています。

各本文には目標、注釈、ロールプレイ、問答練習を設けました。
声調を安定させるために声調符号だけを付けた本文も載せています。

让咪咪帮忙

爸爸每天起得很早，他要送健太去学校。出门的时候，妈妈让爸爸扔垃圾。咪咪每天都和妈妈一起去门口送爸爸，它也想和健太一起去学校，因为它想看《我是猫》。

妈妈今天要和朋友去听音乐会，不能回家做晚

文法や語彙の使い方を学びます。文型をできるだけパターン化し、学習者が視覚的にも覚えられるように工夫しました。

3 練習

単語の置き換えによるパターン練習、並べ替え、日文中訳、リスニング問題のほか、表現の応用力を高める穴埋めや作文練習も加えました。

4 単語

学習しやすいように、単語は「本文単語」、「短文単語」、「学習ポイント・練習単語」の3つに分けました。

●─ 本文単語 ─●   ●─ 短文単語 ─●   ●─ 学習ポイント・練習単語 ─●

5 まとめ

第五課と第十課の後にそれぞれ「まとめ」を設けました。これは『新・学漢語1』を含め、これまでに学習した知識を確認・整理するために活用してください。

第一課～第五課　まとめ

1 "了"の使い方

"了"には文末と動詞の後ろに置かれるものがあり、1)～3）

1）「～した/～している」を表す"了"

他来了。

她没（有）去出差。

　否定形には"没（有）"を用い、「～しなかった/～してい

我买了两本杂志。

　目的語にポイントを置きたい場合には動詞の直後に"了"

2）「～して…する」を表す"了"

他下了班去学习汉语。

他下了班去学习汉语了。

　文末に"了"を置き、すでに起こったことを表す。

3）「～になる/～になった」を表す"了"

大家的汉语比以前好了。

　文末に"了"を置き、状況の変化を表す。

第六課～第十課　まとめ

1 比較の表現

1）AとBの比較表現　　　　　　　『新・学漢語1』第10、13課

"比"、"没有"、"有"、"和/跟～一样"を用いてAとBを比べる表現。

①A＞B　　AはBより～だ
　　　　　　A＋"比"＋B＋形容詞

②A＜B　　AはBほど～ない
　　　　　　A＋"没有"＋B＋形容詞

③A≒B　　AはBぐらい～だ
　　　　　　A＋"有"＋B＋形容詞
　　　　　　A＋"和/跟"＋B＋"一样"＋形容詞

④A＝B　　AはBと同じだ
　　　　　　A＋"和/跟"＋B＋"一样"

2）「差」の言い方　　　　　　　『新・学漢語2』第10課

A＋"比"＋B＋形容詞＋数量（差）

差が具体的な数量でない場合には、"一点儿"や"得多"、また"更"等を用いて表す。

3）「動作の程度」を比較する場合　　　　　　『新・学漢語2』第10課

・様態補語を用いる。

6 補充単語

中国語検定試験やHSK（"汉语水平考试"）などの対策に役立つように、試験に繰り返し出題されている単語を補充しました。

学校

班	班主任	开学	放学	放假
bān	bānzhǔrèn	kāi xué	fàng xué	fàng jià
クラス	クラス担任	学期始まり	授業終了、下校	休暇に

听写	考试	成绩	课间休息	入学典
tīngxiě	kǎoshì	chéngjì	kèjiān xiūxi	rùxué di
聞き取りする	テスト（する）	成績	授業の休み時間	入学式

衣類

衬衫	外套	大衣	裤子	裙子
chènshān	wàitào	dàyī	kùzi	qúnzi
シャツ	ジャケット	コート	ズボン	スカート

睡衣	雨衣	旗袍	西服／西装	帽子
shuìyī	yǔyī	qípáo	xīfú／xīzhuāng	màozi
パジャマ	レインコート	チャイナドレス	スーツ	帽子

7 詩の鑑賞

中国文化に親しみ、発音の向上を図るために有名な作品を紹介しています。

8 こんな時どういうの？

第一課～第十課で学習した表現（130文）を、日本語を手掛かりに再現できるかどうか確認するために設けました。ページ左端の数字はどれくらいの表現を習得したかという目安になります。右の四角い枠はチェック欄です。

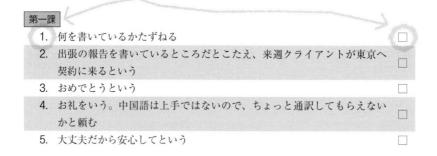

第一課

1. 何を書いているかたずねる □
2. 出張の報告を書いているところだとこたえ、来週クライアントが東京へ契約に来るという □
3. おめでとうという □
4. お礼をいう。中国語は上手ではないので、ちょっと通訳してもらえないかと頼む □
5. 大丈夫だから安心してという □

9 付録

文章記号、中国の祝祭日、部首を巻末にまとめました。

10 単語一覧

単語の検索がしやすいように、アルファベット順に並べてあります。

凡例：

[名]名詞　[動]動詞　[形]形容詞　[副]副詞　[代]代名詞　[疑]疑問詞

[助]助詞　[数]数詞　[量]量詞　[数量]数量詞　[接]接続詞　[介]介詞

[助動]助動詞　[感]感嘆詞　[成]成語　[慣]慣用句　[接頭]接頭辞

你说汉语说得很好

中国語が上手ですね

 何をしているのか聞く／上手に話すねとほめる

（田中＝田中 Tiánzhōng，小林＝小林 Xiǎolín）

田中： Nǐ zài xiě shénme?
你 在 写 什 么？

小林： Wǒ zài xiě chū chāi bàogào. Xià xīngqī kèhù lái Dōngjīng
我 在 写 出 差 报 告。下 星 期 客 户 来 东 京

qiān hétong.
签 合 同。

田中： Tài hǎo le, zhùhè nǐ.
太 好 了，祝 贺 你。

小林： Xièxie. Wǒ shuō Hànyǔ shuōde bù hǎo, nǐ néng bāng wǒmen
谢 谢。我 说 汉 语 说 得 不 好，你 能 帮 我 们

fānyì yíxià ma?
翻 译 一 下 吗？

田中： Méi wèntí, nǐ fàng xīn ba.
没 问 题，你 放 心 吧。

小林： Wǒ xiǎng dài kèhù qù Zàngwáng huá xuě.
我 想 带 客 户 去 藏 王 滑 雪。

田中： Nǐ ānpáide zhēn zhōudào.
你 安 排 得 真 周 到。

小林： Wǒ huáde bú tài hǎo, nǐ gēn wǒmen yìqǐ qù, hǎo ma?
我 滑 得 不 太 好，你 跟 我 们 一 起 去，好 吗？

田中： Hǎo a, wǒ yě hěn xiǎng qù. Xiànzài zhèng shì huá xuě de
好 啊，我 也 很 想 去。现在 正 是 滑雪 的

hǎo jìjié.
好 季节。

小林： Nà, yì yán wéi dìng.
那，一 言 为 定。

田中： Zàngwáng de wēnquán yě hěn yǒumíng.
藏 王 的 温泉 也 很 有 名。

小林： Pàopao wēnquán, chīchi Rìliào, kèhù yídìng hěn gāoxìng.
泡泡 温泉，吃吃 日 料，客 户 一 定 很 高 兴。

注 釈

① "能帮我 (们)~吗?"：「～してもらえますか」という意味。人に手伝ってほしい時や依頼をする時に使う。
　　例）能帮我照张相吗？（写真を撮っていただけますか）
② "一言为定"：約束をする時の決まり文句。

田中

① 何を書いているかたずねる

② おめでとうという

③ 大丈夫だから安心してという

④ 段取りがいいねという

⑤ 了承して、今ちょうどスキーのシーズンだから自分も行きたいという

⑥ 蔵王の温泉も有名だという

① 你在写什么？

② 太好了，祝贺你。

③ 没问题，你放心吧。

④ 你安排得真周到。

⑤ 好啊，我也很想去。现在正是滑雪的好季节。

⑥ 藏王的温泉也很有名。

小林

① 出張の報告を書いているところだとこたえ、来週クライアントが東京へ契約に来るという

② お礼をいう。中国語は上手ではないので、ちょっと通訳してもらえないかと頼む

③ クライアントを蔵王へスキーに連れて行きたいと伝える

④ スキーはあまり上手くないので、一緒に行ってもらえるかとたずねる

⑤ 約束したからねという

⑥ 温泉に入ったり日本料理を食べたりしたら、クライアントはきっと喜ぶでしょうねという

① 我在写出差报告。下星期客户来东京签合同。

② 谢谢。我说汉语说得不好，你能帮我们翻译一下吗？

③ 我想带客户去藏王滑雪。

④ 我滑得不太好，你跟我们一起去，好吗？

⑤ 那，一言为定。

⑥ 泡泡温泉，吃吃日料，客户一定很高兴。

1 進行を表す "在"

　動詞の前に副詞 "在" を置くと「～している」という進行の意味になる。また "正在" など
も進行を表す。

主語 ＋ "在" ＋ 動詞 ＋ 目的語
他　　　在　　　学　　汉语。　　　　　　Tā zài xué Hànyǔ.

昨天我去他家的时候，他正在吃饭。　　Zuótiān wǒ qù tā jiā de shíhou, tā zhèngzài chī fàn.

A：他们在干什么？　　　　　　　Tāmen zài gàn shénme?

B：他们在开会呢。　　　　　　　Tāmen zài kāi huì ne.

＊文末に "呢" をつけると「～ですよ」というニュアンスが加わる。

否定は "没(有)" を使う。

主語 ＋ "没(有)" ＋ "在" ＋ 動詞 ＋ 目的語
她　　没(有)　　　在　　看　　书。　　Tā méi(you) zài kàn shū.

他没在学习，他在看电视。　　Tā méi zài xuéxí, tā zài kàn diànshì.

A：弟弟在玩儿游戏吗？　　　　Dìdi zài wánr yóuxì ma?

B：没有，他在上网课呢。　　　Méiyou, tā zài shàng wǎngkè ne.

2 様態補語

中国語の補語は、動詞や形容詞の後ろに置かれて動作や状態の程度や結果を表す。

様態補語は次のように用いられ、動作の様子や程度などを表す。

主語 ＋ 動詞 ＋ "得" ＋ 様態補語

她	说	得	很 快。	hěn kuài.
Tā	shuō	de	不 快。	bú kuài.
			快 吗？	kuài ma?
			快 不 快？	kuài bu kuài?

他睡得很晚。	Tā shuìde hěn wǎn.
我唱得不好。	Wǒ chàngde bù hǎo.
你来得真早。	Nǐ láide zhēn zǎo.

目的語がある場合は動詞を繰り返し、次のようになる。

主語 （＋動詞） ＋ 目的語 ＋ 動詞 ＋ "得" ＋ 様態補語

他	(说)	汉语	说	得	很 好。	hěn hǎo.
Tā	(shuō)	Hànyǔ	shuō	de	不 好。	bù hǎo.
					好 吗？	hǎo ma?
					好不好？	hǎo bu hǎo?

她打网球打得很好。	Tā dǎ wǎngqiú dǎde hěn hǎo.

一つ目の動詞は省略することがある。

她（做）中国菜做得怎么样？	Tā (zuò) Zhōngguócài zuòde zěnmeyàng?

ただし、離合詞のように動詞と目的語の結びつきが強い場合は省略しない。

我游泳游得不好。	Wǒ yóu yǒng yóude bù hǎo.

1 下線部を入れ替えて練習しましょう。

A04 1)　A: 你在听音乐吗？　　　　　　　　Nǐ zài tīng yīnyuè ma?

　　　B: 我没在听音乐，我在听录音。　Wǒ méi zài tīng yīnyuè, wǒ zài tīng lùyīn.

　　① 写作业 xiě zuòyè　　　　写信 xiě xìn

　　② 玩儿游戏 wánr yóuxì　　　查词典 chá cídiǎn

　　③ 喝茶 hē chá　　　　　　　喝酒 hē jiǔ

A05 2)　A: 你看电视的时候，弟弟在做什么？　Nǐ kàn diànshì de shíhou, dìdi zài zuò shénme?

　　　B: 弟弟在上网。　　　　　　　　Dìdi zài shàng wǎng.

　　① 看书 kàn shū　　　　　　听音乐 tīng yīnyuè

　　② 打电话 dǎ diànhuà　　　洗澡 xǐ zǎo

　　③ 做饭 zuò fàn　　　　　　看我做饭 kàn wǒ zuò fàn

A06 3)　能帮我翻译一下吗？　　　　　　Néng bāng wǒ fānyì yíxià ma?

　　① 拿 ná　　　　② 看 kàn　　　　③ 介绍 jièshào

2 イラストを見て疑問文を作り、肯定文か否定文でこたえましょう。

例）他跑得快吗？　　　　　　　　　Tā pǎode kuài ma?

→　他跑得很快。　　　　　　　　　Tā pǎode hěn kuài.

　　他跑得不快。　　　　　　　　　Tā pǎode bú kuài.

跑（走る） pǎo	说（話す） shuō	来（来る） lái	做（作る） zuò
跳（踊る） tiào	唱（歌う） chàng	写（書く） xiě	画（描く） huà
看（読む） kàn	起（起きる） qǐ	打（球技をする） dǎ	弹（弾く） tán

快（速い） kuài	慢（遅い） màn	好（上手い） hǎo	多（多い） duō	早（早い） zǎo	晚（遅い） wǎn

③ イラストを見て疑問文を作り、肯定文と否定文でこたえましょう。

例）

他（说）汉语说得快吗？   Tā (shuō) Hànyǔ shuōde kuài ma?

他（说）汉语说得很快。   Tā (shuō) Hànyǔ shuōde hěn kuài.

他（说）汉语说得不快。   Tā (shuō) Hànyǔ shuōde bú kuài.

弹钢琴 tán gāngqín （ピアノを弾く）

_____

_____

滑雪 huá xuě （スキーをする）

_____

_____

做饭 zuò fàn （ご飯を作る）

_____

_____

开车 kāi chē （車を運転する）

_____

_____

4 日本語の意味になるように並べ替えましょう。

1) 父は毎日寝るのが遅いのに、起きるのが早いので大変です。

爸爸 ／ 毎天 ／ 睡 ／ 很早 ／ 很辛苦 ／ 得 ／ 很晩 ／ 起得

2) 私は飲み込みが遅いのに、忘れるのは早いです。

我 ／ 很慢 ／ 但是 ／ 学 ／ 得 ／ 很快 ／ 忘得

3) 彼が電話をくれた時、私は会議中でした。

他 ／ 电话 ／ 的时候 ／ 给我 ／ 打 ／ 开会 ／ 我 ／ 在

4) 来週の土曜日はみんなで歌ったり踊ったりしに行くのはどうですか。

跳舞 ／ 怎么样 ／ 唱 ／ 星期六 ／ 去 ／ 咱们 ／ 跳 ／ 唱歌 ／ 下

5) 4月に北京に行く計画はどうなっていますか。

安排 ／ 北京 ／ 四月 ／ 去 ／ 的 ／ 怎么样 ／ 你 ／ 得 ／ 计划

A07 **5** 音声を聞き、最も適当なものを一つ選びましょう。

1) ① 我叫王丽。
　　② 他在学习。
　　③ 在看书呢。

2) ① 他不在日本。
　　② 他在听音乐。
　　③ 他今天没有时间。

3) ① 他们包得真快。
　　② 他们跑得真快。
　　③ 他们说得真好。

4) ① 他们都没来。
　　② 他们没在跳舞。
　　③ 他们跳得真好，我也想去学。

6 中国語に訳しましょう。

1) 李部長をお訪ねですか。彼は会議中です。

2) 兄は泳ぐのが下手なので、水泳を習いたいと思っています。

3) 母親が朝食を作っている時、子供は寝ています。

4) あのクラスメートは質問に上手にこたえる。

5) これは私が訳したものです。ちょっと見てもらえますか。

6) 今回の旅行、彼のプランはとても行き届いているので、みんな彼と一緒に行きたがっている。

単 語

━━━━━━━━━━━ ● 本文単語 ● ━━━━━━━━━━━

1. 田中 Tiánzhōng ［名］田中
2. 在 zài ［副］動作の進行を表す
3. 报告 bàogào ［名］報告、レポート
4. 客户 kèhù ［名］得意先、クライアント
5. 签 qiān ［動］サインする、署名する
6. 合同 hétong ［名］契約
7. 祝贺 zhùhè ［動］祝う、祝賀する
8. 得 de ［助］様態補語を導く
9. 帮 bāng ［動］助ける、手伝う
10. 翻译 fānyì ［動・名］通訳する、通訳
11. 一下 yíxià ［数量］少し、ちょっと
12. 放心 fàng xīn ［動］安心する

13. 藏王 Zàngwáng ［名］蔵王
14. 滑 huá ［動］滑る
15. 安排 ānpái
　　　［動・名］手配する、計画する、予定
16. 周到 zhōudào ［形］行き届いている
17. 正 zhèng ［副］まさに
18. 季节 jìjié ［名］季節
19. 一言为定 yì yán wéi dìng ［慣］約束だよ
20. 温泉 wēnquán ［名］温泉
21. 有名 yǒumíng ［形］有名である
22. 泡 pào ［動］つかる
23. 日料 Rìliào ［名］日本料理

━━━━━━━ ● 学習ポイント・練習単語 ● ━━━━━━━

1. 干 gàn ［動］する、やる
2. 电视 diànshì ［名］テレビ
3. 游戏 yóuxì ［名］遊び、ゲーム
4. 上课 shàng kè
　　　［動］授業に出る、授業をする
5. 网课 wǎngkè ［名］オンライン授業
6. 晚 wǎn ［形］遅い
7. 早 zǎo ［形］早い
8. 网球 wǎngqiú ［名］テニス
9. 录音 lùyīn ［名・動］録音（する）
10. 作业 zuòyè ［名］宿題
11. 做饭 zuò fàn ［動］ご飯を作る
12. 洗澡 xǐ zǎo ［動］入浴する、風呂に入る
13. 跑 pǎo ［動］走る

14. 跳 tiào ［動］踊る、跳ぶ
15. 画 huà ［動］描く
16. 起 qǐ ［動］起きる
17. 弹 tán ［動］弾く、演奏する
18. 慢 màn ［形］遅い
19. 钢琴 gāngqín ［名］ピアノ
20. 辛苦 xīnkǔ
　　　［形］大変である、骨が折れる
21. 忘 wàng ［動］忘れる
22. 部长 bùzhǎng ［名］部長
23. 计划 jìhuà
　　　［名・動］計画（する）、プラン
24. 找 zhǎo ［動］訪ねる、探す

学校

班	班主任	开学	放学	放假	举手
bān	bānzhǔrèn	kāi xué	fàng xué	fàng jià	jǔ shǒu
クラス	クラス担任	学期始まり	授業終了、下校	休暇に入る	手を挙げる

听写	考试	成绩	课间休息	入学典礼	俱乐部
tīngxiě	kǎoshì	chéngjì	kèjiān xiūxi	rùxué diǎnlǐ	jùlèbù
聞き取りする	テスト（する）	成績	授業の休み時間	入学式	クラブ

A11

1) Yǒu wèntí ma?
有 问 题 吗 ? 質問はありますか。

Yǒu. ／ Méiyǒu.
有。／ 没有。 あります。／ありません。

2) Qǐng kàn dì sān yè.
请 看 第 三 页。 3ページを見てください。

3) Qǐng màn diǎnr shuō.
请 慢 点 儿 说。 もう少しゆっくり言ってください。

4) Qǐng bú yào kàn shū.
请 不 要 看 书。 本を見ないでください。

5) Yòng Hànyǔ zěnme shuō?
用 汉 语 怎 么 说 ? 中国語で何と言いますか。

6) Qǐng gēn wǒ shuō.
请 跟 我 说。 私のあとについて言ってください。

7) Lǎoshī, wǒ yǒu wèntí.
老 师，我 有 问 题。 先生、質問があります。

8) ～ shì shénme yìsi?
～ 是 什 么 意 思 ? ～はどういう意味ですか。

9) Dǒng le ma?
懂 了 吗 ? わかりましたか。

Dǒng le. ／ Méi dǒng.
懂 了。／ 没 懂。 わかりました。／わかっていません。

10) Qǐng tīng wǒ shuō.
请 听 我 说。 私が話すことを聞いてください。

第二课　让咪咪帮忙

ミミに手伝ってもらう

目标　依頼する／できるかできないかをいう

A12
A13

Bàba měitiān qǐde hěn zǎo, tā yào sòng Jiàntài qù xuéxiào.
爸爸 每 天 起 得 很 早，他 要 送 健 太 去 学 校。

Chū mén de shíhou, māma ràng bàba rēng lājī. Mīmi měitiān dōu
出 门 的 时 候，妈 妈 让 爸 爸 扔 垃 圾。咪 咪 每 天 都

hé māma yìqǐ qù ménkǒu sòng bàba, tā yě xiǎng hé Jiàntài
和 妈 妈 一 起 去 门 口 送 爸 爸，它 也 想 和 健 太

yìqǐ qù xuéxiào, yīnwèi tā xiǎng kàn «Wǒ shì māo».
一 起 去 学 校，因 为 它 想 看 《我 是 猫》。

Māma jīntiān yào hé péngyou qù tīng yīnyuèhuì, bù néng huí
妈 妈 今 天 要 和 朋 友 去 听 音 乐 会，不 能 回

jiā zuò wǎnfàn, tā ràng Jiàntài zuò. Jiàntài zuò fàn zuòde bú tài hǎo,
家 做 晚 饭，她 让 健 太 做。健 太 做 饭 做 得 不 太 好，

suǒyǐ ràng Mīmi bāng tā zuò.
所 以 让 咪 咪 帮 他 做。

Māma huílái de shíhou, Jiàntài hé Mīmi zài kàn diànshì.
妈 妈 回 来 的 时 候，健 太 和 咪 咪 在 看 电 视。

Māma shuō: "Nǐ wèi shénme bù xiě zuòyè?" Tā bú ràng Jiàntài kàn
妈 妈 说："你 为 什 么 不 写 作 业？" 她 不 让 健 太 看

diànshì, ràng tā huí zìjǐ de fángjiān xiě zuòyè. Mīmi hái zài kàn
电 视，让 他 回 自 己 的 房 间 写 作 业。咪 咪 还 在 看

diànshì, māma ràng Mīmi qù shuì jiào. Mīmi bù xiǎng shuì jiào,
电 视，妈 妈 让 咪 咪 去 睡 觉。咪 咪 不 想 睡 觉，

bàba hái méi huílái, tā xiǎng bāng bàba kāi mén.
爸 爸 还 没 回 来，它 想　帮 爸 爸 开　门。

Mīmi huì kāi mén ma?
咪 咪 会 开 门 吗？

让咪咪帮忙

爸爸每天起得很早，他要送健太去学校。出门的时候，妈妈让爸爸扔垃圾。咪咪每天都和妈妈一起去门口送爸爸，它也想和健太一起去学校，因为它想看《我是猫》。

妈妈今天要和朋友去听音乐会，不能回家做晚饭，她让健太做。健太做饭做得不太好，所以让咪咪帮他做。

妈妈回来的时候，健太和咪咪在看电视。妈妈说："你为什么不写作业？"她不让健太看电视，让他回自己的房间写作业。咪咪还在看电视，妈妈让咪咪去睡觉。咪咪不想睡觉，爸爸还没回来，它想帮爸爸开门。

咪咪会开门吗？

●本文に基づいて問答練習をしましょう。

1. お父さんは毎日起きるのが早いですか。

2. お父さんは健太をどこに送りますか。

3. 出かける時、お母さんはお父さんに何をさせますか。

4. ミミはなぜ健太と一緒に学校に行きたいのですか。

5. お母さんは今日なぜ晩ご飯を作れないのですか。

6. なぜ健太はミミに料理を手伝わせるのですか。

7. お母さんが帰ってきた時、健太は何をしていましたか。

8. お母さんは健太に何をするようにいいましたか。

9. お母さんはミミに何をするようにいいましたか。

10. ミミはなぜ寝たくないのですか。

A14

Bàba měitiān qǐde zǎo bu zǎo?
1. 爸爸 每 天 起 得 早 不 早？

Tā yào sòng Jiàntài qù nǎr?
2. 他 要 送 健 太 去 哪 儿？

Chū mén de shíhou, māma ràng bàba zuò shénme?
3. 出 门 的 时 候， 妈 妈 让 爸 爸 做 什 么？

Tā wèi shénme yě xiǎng hé Jiàntài yìqǐ qù xuéxiào?
4. 它 为 什 么 也 想 和 健 太 一 起 去 学 校？

Māma jīntiān wèi shénme bù néng zuò wǎnfàn?
5. 妈 妈 今 天 为 什 么 不 能 做 晚 饭？

Wèi shénme Jiàntài ràng Mīmi bāng tā zuò fàn?
6. 为 什 么 健 太 让 咪 咪 帮 他 做 饭？

Māma huílái de shíhou, Jiàntài zài zuò shénme?
7. 妈 妈 回 来 的 时 候， 健 太 在 做 什 么？

Māma ràng Jiàntài zuò shénme?
8. 妈 妈 让 健 太 做 什 么？

Māma ràng Mīmi zuò shénme?
9. 妈 妈 让 咪 咪 做 什 么？

Mīmi wèi shénme bù xiǎng shuì jiào?
10. 咪 咪 为 什 么 不 想 睡 觉？

1 使役動詞 "让" "叫" "请"

"让" "叫" は後ろに「人」を伴い、その人に「～させる」「～するようにいう」という意味
の使役文を作る。"常常"、"想" などは "让／叫" の前に置く。

主語 ＋ "让／叫" ＋ 人 ＋ 動詞 ＋ 目的語

妈妈　　　让　　我　　做　　饭。　　　　　　　Māma ràng wǒ zuò fàn.

他叫我在这儿等他。　　　　　　　Tā jiào wǒ zài zhèr děng tā.

他想让孩子去中国留学。　　　　　Tā xiǎng ràng háizi qù Zhōngguó liú xué.

请等一下，让我想想。　　　　　　Qǐng děng yíxià, ràng wǒ xiǎngxiang.

否定文は "不" を "让／叫" の前に置く。

主語 ＋ "不" ＋ "让／叫" ＋ 人 ＋ 動詞 ＋ 目的語

姐姐　　　不　　　让　　我　　看　　电视。　　Jiějie bú ràng wǒ kàn diànshì.

他不让孩子玩儿电子游戏。　　　　Tā bú ràng háizi wánr diànzǐ yóuxì.

使役動詞 "请" を用いると「～していただく」や「～するようにお願いする」という意味に
なる。

主語 ＋ "请" ＋ 人 ＋ 動詞 ＋ 目的語

我们　　请　王老师　　唱　　　歌。　　　　Wǒmen qǐng Wáng lǎoshī chàng gē.

さらに「～をおごる」や「～に招く」といった意味を表すこともある。

我请你喝咖啡。　　　　　　　　　Wǒ qǐng nǐ hē kāfēi.

他请朋友去他家吃饭。　　　　　　Tā qǐng péngyou qù tā jiā chī fàn.

2 助動詞 "能"

「明日あなたの会社に行ける」や「結婚式に参加できる」のように、条件が整って「〜できる」という時は "能" を使って表す。

我明天能去你们公司。	Wǒ míngtiān néng qù nǐmen gōngsī.
妈妈有事，不能回家做饭。	Māma yǒu shì, bù néng huí jiā zuò fàn.
你能参加下星期的会议吗？	Nǐ néng cānjiā xià xīngqī de huìyì ma?

3 "会" と "能" の使い分け

習得して「〜できる」を表す時は "会" を用いるが、習得したことの具体的な数字やレベルを表す時は "能" を用いる。

我会游泳，但是只能游二十五米。	Wǒ huì yóu yǒng, dànshì zhǐ néng yóu èrshiwǔ mǐ.
他会说日语，他能看日文小说。	Tā huì shuō Rìyǔ, tā néng kàn Rìwén xiǎoshuō.
她会弹钢琴，她弹得很好，能教学生。	
	Tā huì tán gāngqín, tā tánde hěn hǎo, néng jiāo xuésheng.

1 下線部を入れ替えて練習しましょう。

(A15) 1) 爸爸让我帮忙。　　　　　　　　　Bàba ràng wǒ bāng máng.

　① 买啤酒 mǎi píjiǔ　　　② 扔垃圾 rēng lājī　　　③ 打扫房间 dǎsǎo fángjiān

(A16) 2) 医生不让我吸烟。　　　　　　　　Yīshēng bú ràng wǒ xī yān.

　① 玩儿游戏 wánr yóuxì　② 开车 kāi chē　　　　③ 喝酒 hē jiǔ

(A17) 3) 请老师介绍。　　　　　　　　　　Qǐng lǎoshī jièshào.

　① 说 shuō　　　　　　② 唱歌 chàng gē　　　③ 念唐诗 niàn tángshī

(A18) 4) 我明天有事，不能去玩儿。　　　　Wǒ míngtiān yǒu shì, bù néng qù wánr.

　① 加班 jiā bān　　　　② 马上回家 mǎshàng huíjiā　③ 送你 sòng nǐ

2 "会" または "能" を使って文を完成させましょう。

1) 李华（　　　）喝酒，（　　　）喝半斤白酒。

2) 李华（　　　）跑四十多公里。

3) 阿部喜欢学习汉语，但是还不（　　　）用汉语写信。

4) 他今天身体不好，不（　　　）去学校。

3 日本語の意味になるように並べ替えましょう。

1) この問題は難しいので、少し考えさせてください。
问题／这个／想想／让／很难／我

2) 彼は歌が上手いので、一曲歌ってもらいましょう。
他／唱歌／请／很好／唱得／唱／他／一个

3) 明日パーティーがありますが、出られますか。
明天／来／聚会／你／有／参加／能／吗

4) 彼が中国に行きたいのは、万里の長城に行ってみたいからです。
　　他／很想／去／长城／他／去中国／看看／因为／想

5) 今日ゴミ出しできるかどうかわかりません
　　今天／垃圾／知道／能不能／扔／我／不

🎧 A19 **4** 音声を聞き、その内容を"让"を用いて書きましょう。

1) _____

2) _____

3) _____

4) _____

5 中国語に訳しましょう。

1) 私は友達を家に食事に招きたい。

2) ちょっと私にやらせてください。

3) ミミはお父さんにお酒を飲みに行かせたくない。

4) 授業中、先生は私たちに日本語を話さないようにいう。

5) そこには地下鉄がないのであまり便利ではありません。運転できる同僚に行って
　　もらいましょう。

6) 明日出張に行くことになったので、子供を学校に送って行けません。

単 語

 ● 本文単語 ●

1. 咪咪 Mīmi ［名］ミミ
2. 送 sòng ［動］送る
3. 健太 Jiàntài ［名］健太
4. 让 ràng
　　　［動］〜させる、〜するようにいう
5. 扔 rēng ［動］捨てる
6. 垃圾 lājī ［名］ゴミ
7. 它（们）tā(men)
　　　［代］それ（ら）、あれ（ら）

8. 音乐会 yīnyuèhuì ［名］音楽会
9. 晚饭 wǎnfàn ［名］晚ご飯
10. 回来 huílái ［動］帰ってくる
11. 自己 zìjǐ ［名］自分
12. 开 kāi ［動］開ける、開く、スイッチ
　　　を入れる
13. 门 mén ［名］ドア、扉

 ● 学習ポイント・練習単語 ●

1. 叫 jiào
　　　［動］〜させる、〜するようにいう
2. 请 qǐng ［動］〜していただく
3. 想 xiǎng ［動］考える
4. 事 shì ［名］用事、こと
5. 参加 cānjiā ［動］参加する、出席する
6. 会议 huìyì ［名］会議
7. 只 zhǐ ［副］ただ、〜だけ、〜しかない

8. 米 mǐ ［量］メートル
9. 日语 Rìyǔ ［名］日本語
10. 日文 Rìwén ［名］日本語
11. 打扫 dǎsǎo ［動］掃除する
12. 吸烟 xī yān ［動］タバコを吸う
13. 白酒 báijiǔ ［名］蒸留酒の総称
14. 公里 gōnglǐ ［名］キロメートル
15. 聚会 jùhuì ［名］パーティー、集まり

病気

看病	咳嗽	发烧	感冒	胃疼	头疼
kàn bìng	késou	fā shāo	gǎnmào	wèi téng	tóu téng
受診する 診察する	咳が出る	熱が出る	風邪をひく	胃痛	頭痛

头晕	拉肚子	打针	打点滴	打疫苗	动手术
tóu yūn	lā dùzi	dǎ zhēn	dǎ diǎndī	dǎ yìmiáo	dòng shǒushù
めまいがする	下痢をする	注射を打つ	点滴をする	ワクチンを打つ	手術をする

第三课　他们学了十个月汉语

彼らは中国語を10か月勉強しました

（**王** = 王雯 Wáng Wén，**陈** = 陈子豪 Chén Zǐháo）

王：
Wǒ xiān zǒu le,　míngtiān jiàn.
我 先 走 了，明 天 见。

陈：
Míngtiān jiàn. Wǒ zài dāi　yíhuìr,　chū chāi de bàogào hái méi
明 天 见。我 再 待 一 会 儿，出 差 的 报 告 还 没

xiěwán ne.
写 完 呢。

王：
Nǐ zhēn xīnkǔ　a, qǐng zhùyì shēntǐ.
你 真 辛 苦 啊，请 注 意 身 体。

陈：
Méi bànfǎ,　wǒ xiěde tài màn.
没 办 法，我 写 得 太 慢。

王：
À,　duìle,　Rìběn de kèhù yǐjīng zǒu le ma?
啊，对 了，日 本 的 客 户 已 经 走 了 吗？

陈：
Hái méi zǒu. Tāmen xià xīngqī yào qù gōngchǎng cānguān liǎng
还 没 走。他 们 下 星 期 要 去 工 厂 参 观 两

tiān.
天。

王：
Tāmen huì shuō Hànyǔ ma?
他 们 会 说 汉 语 吗？

陈：
Huì shuō yìdiǎnr,　tāmen lái yǐqián xuéle shí ge yuè Hànyǔ.
会 说 一 点 儿，他 们 来 以 前 学 了 十 个 月 汉 语。

Tāmen huí guó yǐqián hái yǒu shénme ānpái?
王: 他 们 回 国 以 前 还 有 什 么 安 排?

Tāmen yào qù Sūzhōu、Hángzhōu kànkan. Nǐ néng péi tāmen
陈: 他 们 要 去 苏 州、 杭 州 看 看。你 能 陪 他 们

qù ma?
去 吗?

Nǐ fàng xīn ba, wǒ yǐjīng xuéle yì nián Rìyǔ le.
王: 你 放 心 吧, 我 已 经 学 了 一 年 日 语 了。

Nà jiù bàituō nǐ le.
陈: 那 就 拜 托 你 了。

 注 釈

"那就拜托你了。"：「それではよろしくお願いします」という決まり文句。

王

① 先に帰るので、また明日という

② お疲れ様、体に気をつけてという

③ そういえば、日本のクライアントはもう帰ったのかとたずねる

④ 彼らは中国語が話せるかとたずねる

⑤ 彼らは帰国前、他にどんな予定があるのかたずねる

⑥ 安心して、もう1年日本語を勉強しているからという

① 我先走了，明天见。

② 你真辛苦啊，请注意身体。

③ 啊，对了，日本的客户已经走了吗？

④ 他们会说汉语吗？

⑤ 他们回国以前还有什么安排？

⑥ 你放心吧，我已经学了一年日语了。

陳

① また明日。出張の報告が書き終わっていないからもう少し残るという

② しかたがない、書くのが遅いからだという

③ まだ帰っていない、彼らは来週2日間工場を見学する予定になっているという

④ 少し話せる、来る前に10か月中国語を勉強したという

⑤ 彼らは蘇州、杭州を見に行くことになっているという。彼らに付き添って行けるかとたずねる

⑥ それではよろしくという

① 明天见。我再待一会儿，出差的报告还没写完呢。

② 没办法，我写得太慢。

③ 还没走。他们下星期要去工厂参观两天。

④ 会说一点儿，他们来以前学了十个月汉语。

⑤ 他们要去苏州、杭州看看。你能陪他们去吗？

⑥ 那就拜托你了。

1 時間の長さの言い方

　「2時間」と「2時」、「7か月」と「7月」のように、時間の長さと時刻・時点の言い方には違いがあるが、中国語の表現にも以下のような違いがある。

時間の長さ	時刻・時点
二十分钟	（～点）二十分
一个小时	一点
两天	二号
一个星期	星期一
四个月	四月
两年	二〇〇二年
多长时间	什么时候

一年有十二个月。	Yì nián yǒu shí'èr ge yuè.
一个星期有七天。	Yí ge xīngqī yǒu qī tiān.
一天有二十四个小时。	Yì tiān yǒu èrshisì ge xiǎoshí.
一个小时有六十分钟。	Yí ge xiǎoshí yǒu liùshí fēnzhōng.

2 時量補語 ——1

　時間の長さを表す言葉は動詞の後ろに置いて、その動作が継続する時間を表すものを時量補語という。「2時間勉強する」という時は以下のように表す。

主語 ＋ 動詞 ＋ 時量補語	
我们　学　两个小时。	Wǒmen xué liǎng ge xiǎoshí.

我们休息十分钟吧。	Wǒmen xiūxi shí fēnzhōng ba.
她打算住一个星期。	Tā dǎsuàn zhù yí ge xīngqī.
A：你每天睡几个小时？	Nǐ měitiān shuì jǐ ge xiǎoshí?
B：我每天睡七个小时。	Wǒ měitiān shuì qī ge xiǎoshí.

「2時間勉強した」という時は、以下のように表す。

我们　学　了　两个小时。	Wǒmen xuéle liǎng ge xiǎoshí.

姐姐在东京住了两年。	Jiějie zài Dōngjīng zhùle liǎng nián.

「すでに2年勉強し、今も継続している」場合には、文末にも"了"を置く。

我们　学　了　两年　了。	Wǒmen xuéle liǎng nián le.

A：你等了多长时间了？	Nǐ děngle duōcháng shíjiān le?
B：我等了二十分钟了。	Wǒ děngle èrshí fēnzhōng le.

儿子已经玩儿了三个小时了。	Érzi yǐjīng wánrle sān ge xiǎoshí le.

＊"已经"を用いると、時間の長さが強調され、「すでに3時間も」というニュアンスが出る。

「中国語を2時間勉強する」のように目的語を伴う場合には次のように表す。

主語	+	動詞	+	時量補語	+	目的語
我们		学		两个小时		汉语。

Wǒmen xué liǎng ge xiǎoshí Hànyǔ.

| 我们 | | 学了 | | 两个小时 | | 汉语。 |

Wǒmen xuéle liǎng ge xiǎoshí Hànyǔ.

| 我们 | | 学了 | | 两个小时 | | 汉语 了。 |

Wǒmen xuéle liǎng ge xiǎoshí Hànyǔ le.

我每天早上念十五分钟课文。　　Wǒ měitiān zǎoshang niàn shíwǔ fēnzhōng kèwén.
爸爸开了十几年车。　　　　　　Bàba kāile shíjǐ nián chē.
A：他们打了多长时间电话了？　　Tāmen dǎle duōcháng shíjiān diànhuà le?
B：他们打了半个多小时了。　　　Tāmen dǎle bàn ge duō xiǎoshí le.

また次のように表現することもある。

我们学汉语学了两个小时（了）。　Wǒmen xué Hànyǔ xuéle liǎng ge xiǎoshí (le).

ただし、目的語が"你"などの代名詞の場合は、時量補語と目的語の位置は逆になる。

主語	+	動詞	+	目的語(代名詞)	+	時量補語	
我		找了		你		半天 了。	Wǒ zhǎole nǐ bàntiān le.

请等我一会儿。　　　　　　　　Qǐng děng wǒ yíhuìr.

1 下線部を入れ替えて練習しましょう。

A25 1) A: 你每天睡几个小时？　　　　　　　Nǐ měitiān shuì jǐ ge xiǎoshí?

B: 我每天睡 六个小时，但是昨天睡了七个小时。

　Wǒ měitiān shuì liù ge xiǎoshí, dànshì zuótiān shuìle qī ge xiǎoshí.

① 工作 gōngzuò 　　八个小时 bā ge xiǎoshí 　　十个小时 shí ge xiǎoshí

② 锻炼 duànliàn 　　半个小时 bàn ge xiǎoshí 　　一个小时左右 yí ge xiǎoshí zuǒyòu

③ 学习 xuéxí 　　三个小时 sān ge xiǎoshí 　　两个小时 liǎng ge xiǎoshí

A26 2) A: 你想在上海待多长时间？　　　　　　Nǐ xiǎng zài Shànghǎi dāi duōcháng shíjiān?

B: 我想在上海待 五天。　　　　　　　Wǒ xiǎng zài Shànghǎi dāi wǔ tiān.

① 中国留学 Zhōngguó liú xué 　　三个月 sān ge yuè

② 京都工作 Jīngdū gōngzuò 　　几年 jǐ nián

③ 这儿玩儿 zhèr wánr 　　一会儿 yíhuìr

A27 3) A: 你学了多长时间汉语？　　　　　　Nǐ xuéle duōcháng shíjiān Hànyǔ?

B: 我学了一年（汉语）。　　　　　　Wǒ xuéle yì nián (Hànyǔ).

① 看书 kàn shū 　　一天 yì tiān

② 听音乐 tīng yīnyuè 　　一个半小时 yí ge bàn xiǎoshí

③ 等车 děng chē 　　很长时间 hěn cháng shíjiān

A28 4) 他还在打电话吗？ 他已经打了五十分钟电话了。

Tā hái zài dǎ diànhuà ma? Tā yǐjīng dǎle wǔshí fēnzhōng diànhuà le.

① 看电视 kàn diànshì 　　四、五个小时 sì、wǔ ge xiǎoshí

② 洗澡 xǐ zǎo 　　一个多小时 yí ge duō xiǎoshí

③ 学钢琴 xué gāngqín 　　两年 liǎng nián

2 例にならって中国語で言ってみましょう。

例）私は昨日11時に寝て、今朝6時に起きました。
　　我昨天十一点睡觉，今天早上六点起床，睡了七个小时。

1) 私は毎日8時に地下鉄に乗り、8時半に降ります。

2) 9時に出社し、5時に退勤します。昼休みは1時間です。

3) 野球の試合は6時に始まり、今9時半ですが、まだ終わっていません。

4) 私は北京で2年半、上海で半年働きました。

3 音声を聞き、正しい組み合わせを線でむすびましょう。

1)　① 学习　　　・　　　　・ 一个小时
　　② 坐地铁　・　　　　・ 九点半
　　③ 到学校　・　　　　・ 十二点
　　④ 下课　　・　　　　・ 两个小时

2)　① 休息　　・　　　　・ 三十分钟
　　② 跑　　　・　　　　・ 两个半小时
　　③ 复习　　・　　　　・ 一个小时
　　④ 看　　　・　　　　・ 四十五分钟

④ 中国語に訳しましょう。

1) 私は 5 年も太極拳を習っています。

2) 私は中国にいた時、毎日 1 時間半昼寝をしました。

3) 彼女は毎日録音を 15 分聞きます。

4) 私は日本にもう 20 年も住んでいます。

5) すみません。少し考えさせてください。

6) 中国人のお客さんが銀座を見に行きたいそうなので、お供していただけますか。

⑤ 「何時に何をする」「何時間する」を中心とした一日の生活を紹介する文章を作りましょう。

例）我们六点三刻上课，八点三刻下课，学习两个小时汉语。

A31 ━━━━━━━━━━━━━━━ ● 本文単語 ● ━━━━━━━━━━━━━━━

1. 王雯 Wáng Wén　[名]王雯
2. 陈子豪 Chén Zǐháo　[名]陳子豪
3. 先 xiān　[副]先に、はじめに
4. 待 dāi　[動]とどまる
5. 一会儿 yíhuìr　[数量]少し、ちょっと
6. 写完 xiěwán　[動]書き終わる
7. 注意 zhùyì　[動]注意する、気をつける
8. 办法 bànfǎ　[名]方法、やり方
9. 太 tài　[副]〜すぎる
10. 啊 à　[助]ところで、そういえば

11. 对了 duìle　[動]そうだ（何かを思い出した時、話題を切り替える時）
12. 已经 yǐjīng　[副]すでに、もう
13. 工厂 gōngchǎng　[名]工場
14. 参观 cānguān　[動]見学する
15. 以前 yǐqián　[名]以前
16. 国 guó　[名]国
17. 苏州 Sūzhōu　[名]蘇州
18. 杭州 Hángzhōu　[名]杭州
19. 陪 péi　[動]お供をする、付き添う
20. 拜托 bàituō　[動]お願いする、依頼する

A32 ━━━━━━━━━━━━━━━ ● 学習ポイント・練習単語 ● ━━━━━━━━━━━━━━━

1. 打算 dǎsuàn
　　　[動・名]〜するつもり、予定
2. 住 zhù　[動]住む、泊まる
3. 多长时间 duōcháng shíjiān
　　　　　　どのくらいの時間
4. 课文 kèwén　[名]教科書の本文
5. 多 duō　[数]（数詞や量詞の後ろにつけて）〜余り

6. 半天 bàntiān　[数]半日、長い時間
7. 锻炼 duànliàn
　　　[動]トレーニングする、鍛える
8. 左右 zuǒyòu　〜ぐらい、前後
9. 比赛 bǐsài　[名・動]試合（する）
10. 下课 xià kè
　　　[動]授業が終わる、授業を終える
11. 睡午觉 shuì wǔjiào　[動]昼寝をする

パソコン

鼠标	账号	密码	网页	备份	点击
shǔbiāo	zhànghào	mìmǎ	wǎngyè	bèifèn	diǎnjī
マウス	アカウント	パスワード	ホームページ	バックアップ	クリックする

下载	安装	注册	登录	搜索	乱码
xiàzài	ānzhuāng	zhùcè	dēnglù	sōusuǒ	luànmǎ
ダウンロードする	インストールする	登録する	ログインする	検索する	文字化け(する)

第四课　每天都要加班

毎日残業しなければならない

 目標 仕事が終わってから何をするか、したかをいう

A34
A35

Xiǎolín shàng xīngqī lái Běijīng chū chāi, yìzhí hěn máng,
小　林　 上　星　期　来　北京　出　差，　一　直　很　　忙，

měitiān dōu yào jiā bān.
每　天　都　要　加　班。

Jīntiān zǎoshang tā qǐde bǐjiào wǎn, hēle yì bēi kāfēi
今　天　早　上　他　起　得　比较　晚，喝了　一　杯　咖啡

jiù chū mén le. Qù kèhù gōngchǎng de lùshang, tā chīle yí ge
就　出　门　了。去　客户　工厂　 的　路上，　他　吃了　一　个

jiānbing, nà shì tóngshì gěi tā mǎi de. Jiānbing shì yì zhǒng xiǎochī,
煎饼，　那　是　同事　给　他　买的。　煎饼　是　一　种　小吃，

yòu piányi yòu hǎochī.
又　便宜　又　好吃。

Dàole gōngchǎng, tā xiān tīngle jièshào, ránhòu qù kànlekàn
到了　工厂，　他　先　听了　介绍，　然后　去　看了看

shèbèi. Zhōngwǔ, Xiǎolín gēn kèhù yìqǐ chīle gōngzuò wǔcān.
设备。　中午，　小林　跟　客户　一起　吃了　工作　午餐。

Xiàle bān, tā cānjiāle yí ge yànhuì, rènshile hěn duō xīn
下了　班，　他　参加了　一个　宴会，　认识了　很　多　新

péngyou, liáode fēicháng yúkuài, shí diǎn cái huí fàndiàn.
朋友，　聊得　非常　愉快，十点　才　回　饭店。

Huí fàndiàn yǐhòu, Xiǎolín gěi qīzi dǎle ge diànhuà,
回　饭店　以后，　小林　给　妻子　打了　个　电话，

wènlewèn　　jiāli　　de　qíngkuàng,　　gàosu　tā　suīrán　　yǒudiǎnr　máng,
问 了 问 家 里 的　 情况,　　 告诉 她 虽然 有 点 儿 忙,

dànshì　yíqiè　dōu　hěn　shùnlì,　ràng　tā　fàng xīn.
但 是 一 切 都 很 顺 利, 让 她 放 心。

注 釈

① 動詞の重ね型と "了"："看看" のように動詞を重ねると「ちょっと〜する、〜してみる」
という意味になるが、「ちょっと〜した、〜してみた」という場合には、動詞の間に "了"
を置く。

　　　他去看了看设备。　　　　　Tā qù kànlekàn shèbèi.
　　　他问了问家里的情况。　　　Tā wènlewèn jiāli de qíngkuàng.

② "**有点儿忙**"：「"有点儿" ＋形容詞」で「少し〜」を表す。多くはマイナスの気持ちを表す。

　　　有点儿难。　　　　　　　　Yǒudiǎnr nán.
　　　有点儿累。　　　　　　　　Yǒudiǎnr lèi.

每天都要加班

小林上星期来北京出差，一直很忙，每天都要加班。

今天早上他起得比较晚，喝了一杯咖啡就出门了。去客户工厂的路上，他吃了一个煎饼，那是同事给他买的。煎饼是一种小吃，又便宜又好吃。

到了工厂，他先听了介绍，然后去看了看设备。中午，小林跟客户一起吃了工作午餐。下了班，他参加了一个宴会，认识了很多新朋友，聊得非常愉快，十点才回饭店。

回饭店以后，小林给妻子打了个电话，问了问家里的情况，告诉她虽然有点儿忙，但是一切都很顺利，让她放心。

A36

Dēng Guàn què lóu
登 鹳 雀 楼

Wáng Zhīhuàn
王 之涣

bái rì yī shān jìn
白 日 依 山 尽

Huáng hé rù hǎi liú
黄 河 入 海 流

yù qióng qiān lǐ mù
欲 穷 千 里 目

gèng shàng yì céng lóu
更 上 一 层 楼

白日、山に依りて尽き
黄河、海に入りて流る
千里の目を窮めんと欲し
更に上る一層の楼

●本文に基づいて問答練習をしましょう。

1. 小林さんはいつ北京へ出張に来たのですか。

2. 彼は今朝早く起きましたか。

3. 取引先の工場へ行く途中、何を食べましたか。

4. それは彼が買ったのですか。

5. "煎饼" とは何ですか。

6. 工場に着いてから、何をしましたか。

7. 仕事が終わってからすぐホテルに戻りましたか。

8. 彼はなぜ10時にやっとホテルに戻ったのですか。

9. ホテルに戻ってから誰に電話をしましたか。

10. 彼は妻に何を伝えましたか。

Xiǎolín shì shénme shíhou lái Běijīng chū chāi de?
1. 小 林 是 什 么 时 候 来 北 京 出 差 的？

Jīntiān zǎoshang tā qǐde zǎo bu zǎo?
2. 今 天 早 上 他 起 得 早 不 早？

Qù kèhù gōngchǎng de lùshang, tā chīle shénme?
3. 去 客 户 工 厂 的 路 上，他 吃 了 什 么？

Nà shì tā mǎi de ma?
4. 那 是 他 买 的 吗？

Jiānbing shì shénme?
5. 煎 饼 是 什 么？

Dàole gōngchǎng, tā zuò shénme le?
6. 到 了 工 厂，他 做 什 么 了？

Xiàle bān, tā mǎshàng huí fàndiàn le ma?
7. 下 了 班，他 马 上 回 饭 店 了 吗？

Xiǎolín wèi shénme shí diǎn cái huí fàndiàn?
8. 小 林 为 什 么 十 点 才 回 饭 店？

Huí fàndiàn yǐhòu, tā gěi shéi dǎle ge diànhuà?
9. 回 饭 店 以 后，他 给 谁 打 了 个 电 话？

Tā gàosu qīzi shénme?
10. 他 告 诉 妻 子 什 么？

1 "要" ——2

助動詞 "要" には、予定や強い願望の他に「〜すべきである、〜しなければならない」という意味もある。否定は、"不用"「〜する必要がない、〜するに及ばない」を使う。

出国要带护照。　　　　　　　　　Chū guó yào dài hùzhào.
现在在家工作，不用去公司。　　　Xiànzài zài jiā gōngzuò, búyòng qù gōngsī.

2 "了" の使い方 ——2

「朝ご飯を食べて学校へ行く」のように「〜して…する」という文を作る場合は、次のように表す。

他吃了早饭去学校。　　　　　　　Tā chīle zǎofàn qù xuéxiào.

A：你明天下了班做什么？　　　　Nǐ míngtiān xiàle bān zuò shénme?
B：我明天下了班去游泳。　　　　Wǒ míngtiān xiàle bān qù yóu yǒng.

「朝ご飯を食べて学校へ行った」のように「〜して…した」という文を作る場合は、文末にも "了" を置く。

他吃了早饭去学校了。　　　　　　Tā chīle zǎofàn qù xuéxiào le.

A：昨天他们下了课去哪儿了？　　Zuótiān tāmen xiàle kè qù nǎr le?
B：昨天他们下了课去打工了。　　Zuótiān tāmen xiàle kè qù dǎ gōng le.

3 "又～又…"

「〜でもあり、また…でもある」のようにいくつかの状態が重なることを表す。

煎饼又便宜又好吃。　　　　　　　Jiānbing yòu piányi yòu hǎochī.
地铁又快又方便。　　　　　　　　Dìtiě yòu kuài yòu fāngbiàn.

4 "先～然后（再）…"

「まず北京に出張し、それから上海に行く」というように、動作を行う順番を表す時に用いる。

这次出差先去北京，然后去上海。	Zhè cì chū chāi xiān qù Běijīng, ránhòu qù Shànghǎi.
让我先想想，然后再告诉你。	Ràng wǒ xiān xiǎngxiang, ránhòu zài gàosu nǐ.

5 "虽然～但是…"

「～ではあるけれども…だ」のように逆説を表す。

汉语虽然很难，但是很有意思。	Hànyǔ suīrán hěn nán, dànshì hěn yǒu yìsi.
虽然学过这个词，但是还不会用。	Suīrán xuéguo zhè ge cí, dànshì hái bú huì yòng.

6 "就"と"才"の使い分け

"就"は動作が滞りなく行われることを、"才"はスムーズにいかないというニュアンスを加える。"才"を使うとき一般的に文末に"了"は置かない。

他吃了饭就出去了。	Tā chīle fàn jiù chūqù le.
他吃了饭才出去。	Tā chīle fàn cái chūqù.

宴会六点开始，小王五点就到了，小赵六点半才来。
Yànhuì liù diǎn kāishǐ, Xiǎo Wáng wǔ diǎn jiù dào le, Xiǎo Zhào liù diǎn bàn cái lái.

1 下線部を入れ替えて練習しましょう。

A38 1) 我<u>吃</u>了<u>饭</u> <u>做</u> <u>作业</u>。　　　　　　　Wǒ <u>chī</u>le <u>fàn</u> <u>zuò</u> <u>zuòyè</u>.

    ① 看书 kàn shū　　　　　做饭 zuò fàn

    ② 下课 xià kè　　　　　去看比赛 qù kàn bǐsài

    ③ 到京都 dào Jīngdū　　给你打电话 gěi nǐ dǎ diànhuà

A39 2) A: 昨天他们<u>下</u>了<u>班</u>做什么了？　　Zuótiān tāmen <u>xià</u>le <u>bān</u> zuò shénme le?

    B: 昨天他们<u>下</u>了<u>班</u>去看电影了。　Zuótiān tāmen <u>xià</u>le <u>bān</u> qù kàn diànyǐng le.

    ① 吃午饭 chī wǔfàn　　② 见面 jiàn miàn　　③ 买东西 mǎi dōngxi

A40 3) 先<u>洗手</u>，然后<u>吃饭</u>。　　　　　　Xiān <u>xǐ shǒu</u>, ránhòu <u>chī fàn</u>.

    ① 听录音 tīng lùyīn　　　回答问题 huídá wèntí

    ② 念课文 niàn kèwén　　　学语法 xué yǔfǎ

    ③ 开会 kāi huì　　　　　写报告 xiě bàogào

A41 4) 她<u>做</u>得又<u>快</u>又<u>好</u>。　　　　　　Tā <u>zuò</u>de yòu <u>kuài</u> yòu <u>hǎo</u>.

    ① 写 xiě　　　　快 kuài　　　　漂亮 piàoliang

    ② 开 kāi　　　　快 kuài　　　　稳 wěn

    ③ 说 shuō　　　清楚 qīngchu　　流利 liúlì

❷ （　　）に "就" か "才" を入れましょう。

1) 早上十点上课，她九点（　　　　）来了。

2) 走五分钟（　　　　）到了。

3) 昨天加班，晚上十点（　　　　）回家。

4) 想了半天（　　　　）明白。

5) 你写了作业（　　　　）能看手机。

6) 哥哥每天很早（　　　　）去学校，弟弟每天很晚（　　　　）去学校。

❸ 日本語の意味になるように並べ替えましょう。

1) 私は来年中国に留学するつもりです。
　　我 ／ 去 ／ 明年 ／ 留学 ／ 打算 ／ 中国

2) 彼は質問に答えるのが速くて正確です。
　　他 ／ 快 ／ 回答得 ／ 回答 ／ 又 ／ 又 ／ 问题 ／ 准确

3) まず電話で予約をしてから病院に行きます。
　　预约 ／ 然后 ／ 电话 ／ 去 ／ 打 ／ 医院 ／ 先

4) 彼は同僚の意見を聞いてみました。
　　问 ／ 他 ／ 问 ／ 的 ／ 了 ／ 意见 ／ 同事

5) 昨日私は仕事が終わってから、友達と飲みに行きました。
　　昨天 ／ 喝酒 ／ 我 ／ 去 ／ 了 ／ 班 ／ 跟 ／ 朋友 ／ 就 ／ 了 ／ 下

🎧 A42 ④ 音声を聞き、（　　）内の単語を用いて質問にこたえましょう。

1) 問：咪咪はなぜ遊びに行けないのですか。（"要"）

2) 問：彼女の料理はどうですか。（"又～又…"）

3) 問：明日のスケジュールはどうなりますか。（"先～，然后…"）

⑤ 中国語に訳しましょう。

1) 四川料理はとても辛いけれども、好きな人は多い。

2) 彼女は夜、電話で子供の様子をちょっと聞いてみました。

3) 明日はどんな予定がありますか。

4) みなさん何か質問がありますか。

5) 明日、授業が終わったら食事に行きませんか。

6) 中国語を半年勉強したけれど、発音がまだ上手くありません。

A43

● 本文単語 ●

1. 一直 yìzhí　［副］ずっと
2. 要 yào　［助動］〜すべきである、〜しなければならない
3. 比较 bǐjiào　［副］比較的、わりと
4. 路上 lùshang　［名］途中、道中、路上
5. 煎饼 jiānbing　［名］中国式クレープ
6. 小吃 xiǎochī　［名］軽食、おやつ
7. 又〜又… yòu〜yòu…　〜でもあり、また…でもある
8. 词 cí　［名］語句、言葉
9. 然后 ránhòu　［接］それから
10. 设备 shèbèi　［名］設備
11. 工作午餐 gōngzuò wǔcān　［名］ビジネスランチ
12. 宴会 yànhuì　［名］宴会
13. 新 xīn　［形］新しい
14. 聊 liáo　［動］おしゃべりする
15. 愉快 yúkuài　［形］愉快だ
16. 才 cái　［副］やっと
17. 家里 jiāli　［名］家、家庭
18. 情况 qíngkuàng　［名］様子、情況
19. 虽然〜但是… suīrán〜dànshì…　〜ではあるけれども…だ
20. 有点儿 yǒudiǎnr　［副］少し、ちょっと
21. 一切 yíqiè　［代］すべて、一切
22. 顺利 shùnlì　［形］順調である

A44

● 学習ポイント・練習単語 ●

1. 出国 chū guó　［動］出国する
2. 护照 hùzhào　［名］パスポート
3. 不用 búyòng　［副］〜する必要がない、〜するに及ばない
4. 打工 dǎ gōng　［動］アルバイトをする
5. 出去 chūqù　［動］出かける、出ていく
6. 小〜 xiǎo〜　［接頭］〜君、〜ちゃん
7. 赵 Zhào　［名］趙（姓）
8. 午饭 wǔfàn　［名］昼ご飯
9. 洗 xǐ　［動］洗う
10. 手 shǒu　［名］手
11. 语法 yǔfǎ　［名］文法
12. 稳 wěn　［形］安定している、穏やかだ
13. 清楚 qīngchu　［形］きれいだ、はっきりしている
14. 流利 liúlì　［形］流暢である
15. 明白 míngbai　［動］わかる、理解する
16. 准确 zhǔnquè　［形］正確だ、正しい
17. 预约 yùyuē　［動］予約する
18. 哇 wā　［感］わっ（驚きを表す）
19. 四川菜 Sìchuāncài　［名］四川料理
20. 发音 fāyīn　［名］発音

A45

满意 mǎnyì 満足する	放心 fàng xīn 安心する	爽快 shuǎngkuài 爽快である	生气 shēng qì 怒る	伤心 shāng xīn 悲しい	难受 nánshòu つらい
讨厌 tǎo yàn 嫌う、嫌だ	害怕 hài pà 怖がる	后悔 hòuhuǐ 後悔する	吃惊 chī jīng 驚く	失望 shīwàng がっかりする	难为情 nánwéiqíng 恥ずかしい

Shān xíng
山 行

Dù Mù
杜 牧

yuǎn shàng hán shān shí jìng xiá*
远 上 寒 山 石 径 斜

bái yún shēng chù yǒu rén jiā
白 云 生 处 有 人 家

tíng chē zuò ài fēng lín wǎn
停 车 坐 爱 枫 林 晚

shuāng yè hóng yú èr yuè huā
霜 叶 红 于 二 月 花

*古くは "xiá" と読まれていた。

秋山の遠き彼方へ一筋の小道に沿ひて深く踏みゆく
見上げれば漂ふ雲に見え隠れ山の彼方に茅葺の家
眺めつつ帰り忘れて吾一人夕日に染まり楓林の紅
春頃の咲き乱れゐる花よりもなほ美しき霜の楓葉

第五课

我去过黄山

二回うんたらがあります

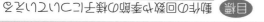

🎯 **目標**　動作の回数や季節の様子について言える

（李＝李华 Lǐ Huá，山本＝山本 Shānběn）

A47
李： 你去过日光吗？
Nǐ qùguo Rìguāng ma?

A48
山本： 我去过很多次，你呢？
Wǒ qùguo hěn duō cì, nǐ ne?

李： 我还没去过呢。
Wǒ hái méi qùguo ne.

山本： 现在去正是时候，枫叶已经红了，可以
Xiànzài qù zhèng shì shíhou, fēngyè yǐjīng hóng le, kěyǐ
看红叶了。
Kàn hóngyè le.

李： 听说那儿有很多景点，一天时间够吗？
Tīngshuō nàr yǒu hěn duō jǐngdiǎn, yì tiān shíjiān gòu ma?

山本： 你们可以在那儿住一天，好好儿玩儿玩儿。
Nǐmen kěyǐ zài nàr zhù yì tiān, hǎohāor wánr wánr.

李： 你对日光很熟悉吧？
Nǐ duì Rìguāng hěn shúxi ba?

山本： 大学的时候开车去那儿，兜过风，毕业
Dàxué de shíhou kāi chē qù nàr dōuguo fēng. Bìyé
已经十年了，最近很少去。
yǐjīng shí nián le, zuìjìn hěn shǎo qù.

Wǒ lái Rìběn yì nián duō le, gōngzuò hěn máng, yìzhí
李 : 我 来 日 本 一 年 多 了, 工 作 很 忙, 一 直

méiyǒu shíjiān qù kànkan.
没 有 时 间 去 看 看。

Wǒ zhè ge zhōumò zhènghǎo yǒu shíjiān, wǒ kāi chē dài nǐ
山本: 我 这 个 周 末 正 好 有 时 间, 我 开 车 带 你

qù ba.
去 吧。

Zhēnde ma? Tài hǎo le! Nà wǒ bù jiā bān le.
李 : 真 的 吗？太 好 了！那 我 不 加 班 了。

Duì, zánmen hǎohāor fàngsōng fàngsōng.
山本: 对，咱 们 好 好 儿 放 松 放 松。

李

① 日光に行ったことがあるか聞く

② まだ行ったことがないとこたえる

③ そこにはたくさん観光スポットがあるそうだが、一日で時間は足りるか聞く

④ 日光に詳しいのでしょうという

⑤ 日本に来て一年あまり経つが、仕事が忙しくて行って見る時間がないという

⑥ 本当と喜び、残業はやめるという

① 你去过日光吗？

② 我还没去过呢。

③ 听说那儿有很多景点，一天时间够吗？

④ 你对日光很熟悉吧？

⑤ 我来日本一年多了，工作很忙，一直没有时间去看看。

⑥ 真的吗？太好了！那我不加班了。

① 何度も行ったことがあるとこたえ、相手にもたずねる

② 今はちょうどいい時期で、カエデの葉も色づき紅葉の見ごろになったという

③ 一泊してゆっくりするといいよという

④ 大学時代にはそこへドライブに行ったことがあるが、卒業して10年になる
ので最近ではめったに行かないという

⑤ 今週末ちょうど時間があるから、車で連れて行くという

⑥ 気分転換しようという

① 我去过很多次，你呢？

② 现在去正是时候，枫叶已经红了，可以看红叶了。

③ 你们可以在那儿住一天，好好儿玩儿玩儿。

④ 大学的时候开车去那儿兜过风。毕业已经十年了，最近很少去。

⑤ 我这个周末正好有时间，我开车带你去吧。

⑥ 对，咱们好好儿放松放松。

奈良之旅

Xiǎo Wáng lái Rìběn yǐjīng yì nián duō le. Zhè yì nián tā
小 王 来 日 本 已 经 一 年 多 了。这 一 年 他

gōngzuò dōu hěn jǐnzhāng, yìzhí méiyǒu shíjiān qù lǚyóu.
工 作 都 很 紧 张, 一 直 没 有 时 间 去 旅 游。

　　Xiǎo Wáng xià ge yuè huí guó. Huí guó yǐqián, tā dǎsuàn gēn
　　小 王 下 个 月 回 国。回 国 以 前, 他 打 算 跟

péngyou qù Nàiliáng kànkan. Tāmen xiǎng tǐyàn yíxià Rìběn
朋 友 去 奈 良 看 看。他 们 想 体 验 一 下 日 本

chuántǒng wénhuà, suǒyǐ yùdìngle yì jiā Rìshì lǚguǎn, nà jiā
传 统 文 化, 所 以 预 订 了 一 家 日 式 旅 馆, 那 家

lǚguǎn zhènghǎo zài Dōngdàsì pángbiān.
旅 馆 正 好 在 东 大 寺 旁 边。

　　Nàiliáng de qiūtiān, qiū gāo qì shuǎng, lánlán de tiānkōng,
　　奈 良 的 秋 天, 秋 高 气 爽, 蓝 蓝 的 天 空,

hónghóng de yèzi, jiù xiàng yì fú huàr yíyàng.
红 红 的 叶 子, 就 像 一 幅 画 儿 一 样。

奈良之旅

小王来日本已经一年多了。这一年他工作都很紧张，一直没有时间去旅游。

小王下个月回国。回国以前，他打算跟朋友去奈良看看。他们想体验一下日本传统文化，所以预订了一家日式旅馆，那家旅馆正好在东大寺旁边。

奈良的秋天，秋高气爽，蓝蓝的天空，红红的叶子，就像一幅画儿一样。

●本文に基づいて問答練習をしましょう。

1. 彼は日本に来てどれぐらい経ちましたか。

2. 彼はいつ帰国しますか。

3. この一年、彼は仕事が忙しかったですか。

4. 彼はなぜ旅行に行く時間がなかったのですか。

5. 帰国前に何をする予定ですか。

6. 彼らはなぜ奈良へ行きたいのですか。

7. 彼らが予約したのはどんな旅館ですか。

8. 奈良の秋はどうですか。

9. あなたは奈良に行ったことがありますか。

Tā lái Rìběn duōcháng shíjiān le?
1. 他 来 日 本 多 长 时 间 了？

Tā shénme shíhou huí guó?
2. 他 什 么 时 候 回 国？

Zhè yì nián, tā gōngzuò máng ma?
3. 这 一 年，他 工 作 忙 吗？

Tā wèi shénme méiyǒu shíjiān qù lǚyóu?
4. 他 为 什 么 没 有 时 间 去 旅 游？

Huí guó yǐqián, tā dǎsuàn zuò shénme?
5. 回 国 以 前，他 打 算 做 什 么？

Tāmen wèi shénme xiǎng qù Nàiliáng?
6. 他 们 为 什 么 想 去 奈 良？

Tāmen yùdìng de shì shénme lǚguǎn?
7. 他 们 预 订 的 是 什 么 旅 馆？

Nàiliáng de qiūtiān zěnmeyàng?
8. 奈 良 的 秋 天 怎 么 样？

Nǐ qùguo Nàiliáng ma?
9. 你 去 过 奈 良 吗？

1 動量補語

動詞の後ろに置かれ、"一次"や"一遍"などのように、動作の回数を表すものを動量補語という。「一度行ったことがある」という時は、以下のように表す。

主語 ＋ 動詞 ＋ 動量補語	
我　　去过　　一次。	Wǒ qùguo yí cì.

| 我看过两遍。 | Wǒ kànguo liǎng biàn. |
| 你检查一遍。 | Nǐ jiǎnchá yí biàn. |

「先生の家に2回行ったことがある」のように、目的語を伴う場合には次のように表す。

主語 ＋ 動詞 ＋ 動量補語 ＋ 目的語	
我　　去过　　两次　　老师家。	Wǒ qùguo liǎng cì lǎoshī jiā.

| 我吃过好几次烤鸭。 | Wǒ chīguo hǎojǐ cì kǎoyā. |
| 昨天我给你打了三次电话。 | Zuótiān wǒ gěi nǐ dǎle sān cì diànhuà. |

ただし、目的語が"他"などの代名詞の場合は、動量補語と目的語の位置は逆になる。

主語 ＋ 動詞 ＋ 目的語 ＋ 動量補語	
我　　见过　　他　　　一次。	Wǒ jiànguo tā yí cì.

| 他来过这儿好几次。 | Tā láiguo zhèr hǎojǐ cì. |

また、目的語が固有名詞の時は、動量補語と目的語はどちらが前でもよい。

| 她来过一次日本。 | Tā láiguo yí cì Rìběn. |
| 她来过日本一次。 | Tā láiguo Rìběn yí cì. |

2 変化を表す"了"

文末に"了"を置いて状況の変化を表す。

天气好了。	Tiānqì hǎo le.	〈形容詞＋"了"〉
他今年二十岁了。	Tā jīnnián èrshí suì le.	〈数量＋"了"〉
我儿子今年是大学生了。	Wǒ érzi jīnnián shì dàxuéshēng le.	〈"是"＋"了"〉
我有工作了。	Wǒ yǒu gōngzuò le.	〈"有"＋"了"〉
他可以去中国留学了。	Tā kěyǐ qù Zhōngguó liúxué le.	〈助動詞＋"了"〉
我不买了。	Wǒ bù mǎi le.	〈"不"＋"了"〉
我没有时间了。	Wǒ méiyǒu shíjiān le.	〈"没有"＋"了"〉

3 時量補語 ── 2

時間の長さを表す言葉は動詞の後ろに置いて、経過した時間を表す。

```
主語 ＋ 動詞（＋目的語） ＋ 時量補語 ＋"了"
他们        毕业        已经十年    了。    Tāmen bì yè yǐjīng shí nián le.
```

我来日本一年多了。	Wǒ lái Rìběn yì nián duō le.
我认识他已经几十年了。	Wǒ rènshi tā yǐjīng jǐshí nián le.

4 形容詞の重ね型

形容詞を重ねて生き生きとした様子を表現する。

蓝蓝的天空，红红的叶子。	Lánlán de tiānkōng, hónghóng de yèzi.
黑黑的头发，大大的眼睛。	Hēihēi de tóufa, dàdà de yǎnjing.

5 "像~一样"

「～のようだ」といいたい時に使う比喩表現。

真像一幅画儿一样。	Zhēn xiàng yì fú huàr yíyàng.
今天很暖和，像春天一样。	Jīntiān hěn nuǎnhuo, xiàng chūntiān yíyàng.

1 下線部を入れ替えて練習しましょう。

A52 1) A: 你看过京剧吗？　　　　　　　　Nǐ kànguo jīngjù ma?

B: 我看过一次京剧。　　　　　　　Wǒ kànguo yí cì jīngjù.

① 包 bāo　　　　　饺子 jiǎozi
② 爬 pá　　　　　　富士山 Fùshìshān
③ 看 kàn　　　　　歌舞伎 gēwǔjì

A53 2) 我见过他几次。　　　　　　　　　Wǒ jiànguo tā jǐ cì.

① 问 wèn　　　　　他 tā
② 帮 bāng　　　　　她们 tāmen
③ 去 qù　　　　　　那儿 nàr

A54 3) A: 你们来东京多长时间了？　　　　Nǐmen lái Dōngjīng duōcháng shíjiān le?

B: 我们来东京 三个月了。　　　　Wǒmen lái Dōngjīng sān ge yuè le.

① 毕业 bìyè　　　　　　五年了 wǔ nián le
② 认识 rènshi　　　　　已经两年了 yǐjīng liǎng nián le
③ 离开老家 líkāi lǎojiā　　二十年了 èrshí nián le

A55 4) 菜 凉了。　　　　　　　　　　　Cài liáng le.

① 天 tiān　　　　　黑 hēi
② 雨 yǔ　　　　　　大 dà
③ 天气 tiānqì　　　暖和 nuǎnhuo

2 日本語の意味になるように並べ替えましょう。

1) 私は小さい時、ここに来たことがある。
   我 ／ 这儿 ／ 小时候 ／ 一次 ／ 来过

2) 彼が中国に来てもう何年にもなる。
   他 ／ 很多年 ／ 来 ／ 已经 ／ 了 ／ 中国

3) 彼は中国人と話す機会がない。
   他 ／ 中国人 ／ 机会 ／ 跟 ／ 聊天儿 ／ 没有

4) 私は復習する時間がない。
   我 ／ 复习 ／ 时间 ／ 没有

5) 彼女は中国人のように中国語を話す。
   她 ／ 说得 ／ 中国人 ／ 像 ／ 汉语 ／ 一样

3 "不～了" を使って、文を完成させましょう。

1) 明天有事，_____

2) 今天很累，_____

3) 这个有点儿贵，_____

4) 这个电视剧太没意思了，_____

4 音声を聞き、内容と一致している方を選びましょう。

1)　①由美看过一遍。
　　②由美看过两遍。

2)　①小王去过两次东京，没去过京都。
　　②小王去过两次京都，没去过东京。

3)　①他们认识五年了
　　②他们认识十年了。

4)　①像家一样。
　　②像图书馆一样。

5 中国語に訳しましょう。

1)　彼は日本に何回か来たことがあるので、日本をよく知っています。

2)　知っていますか。彼に彼女ができましたよ。

3)　私はもう20歳になったので、お酒が飲めるようになりました。

4)　私は最近ずっと忙しくて、友達に会う時間がありません。

5)　彼が会社を離れてもう10年になります。

単　語

A57

● 本文単語 ●

1. 山本 Shānběn 　[名]山本
2. 日光 Rìguāng 　[名]日光
3. 枫叶 fēngyè 　[名]カエデの葉
4. 红 hóng 　[形]赤い、紅い
5. 红叶 hóngyè 　[名]紅葉
6. 听说 tīngshuō 　[動]聞くところによると
7. 景点 jǐngdiǎn 　[名]観光スポット
8. 够 gòu 　[動]足りる
9. 好好儿 hǎohāor 　[副]よく、きちんと
10. 对 duì 　[介]～について
11. 熟悉 shúxi 　[動]よく知っている

12. 兜风 dōu fēng 　[動]ドライブする
13. 毕业 bì yè 　[動]卒業する
14. 最近 zuìjìn 　[名]最近
15. 很少 hěn shǎo 　めったに～ない
16. 周末 zhōumò 　[名]週末
17. 正好 zhènghǎo 　[副]都合よく、ちょうど
18. 对 duì 　[動]同意を表す
19. 咱们 zánmen
　　　[代]私たち(話し手と聞き手を含む)
20. 放松 fàngsōng 　[動]リラックスする

A58

● 短文単語 ●

1. 奈良 Nàiliáng 　[名]奈良
2. ～之 ~zhī 　[助]～の
3. 旅 lǚ 　[名]旅
4. 紧张 jǐnzhāng 　[形]忙しい、緊張する
5. 体验 tǐyàn 　[動]体験する
6. 传统 chuántǒng 　[名]伝統
7. 文化 wénhuà 　[名]文化
8. 预订 yùdìng 　[動]予約する
9. 家 jiā 　[量]～軒
10. 日式 Rìshì 　[名]日本式
11. 旅馆 lǚguǎn 　[名]旅館、ホテル

12. 东大寺 Dōngdàsì 　[名]東大寺
13. 秋天 qiūtiān 　[名]秋
14. 秋高气爽 qiū gāo qì shuǎng
　　　　　　　[成]秋空高く清々しい
15. 蓝 lán 　[形]青い
16. 天空 tiānkōng 　[名]空
17. 叶子 yèzi 　[名]木の葉
18. 像～一样 xiàng~yíyàng
　　　　　　まるで～のようだ
19. 幅 fú 　[量]～枚、～幅
20. 画儿 huàr 　[名]絵

1. 检查 jiǎnchá ［動］検査する
2. 好几 hǎojǐ ［数］何回も
3. 烤鸭 kǎoyā ［名］北京ダック
4. 天气 tiānqì ［名］天気
5. 大学生 dàxuéshēng ［名］大学生
6. 几十 jǐshí 数十
7. 黑 hēi ［形］黒い
8. 头发 tóufa ［名］髪
9. 眼睛 yǎnjing ［名］目
10. 暖和 nuǎnhuo ［形］暖かい
11. 春天 chūntiān ［名］春
12. 京剧 jīngjù ［名］京劇

13. 爬 pá ［動］登る、はう
14. 歌舞伎 gēwǔjì ［名］歌舞伎
15. 离开 lí kāi ［動］離れる
16. 老家 lǎojiā ［名］ふるさと
17. 凉 liáng ［形］冷たい、涼しい
18. 天 tiān ［名］空
19. 雨 yǔ ［名］雨
20. 聊天儿 liáo tiānr ［動］おしゃべりする
21. 没意思 méi yìsi

つまらない、面白くない

22. 女朋友 nǚpéngyou

［名］ガールフレンド、彼女

調理方法・味

炒 chǎo 炒める	炸 zhá 揚げる	蒸 zhēng 蒸す	煮 zhǔ 煮る、ゆでる	烤 kǎo 焼く	拌 bàn 和える
咸 xián 塩辛い	酸 suān 酸っぱい	甜 tián 甘い	辣 là 辛い	油腻 yóunì 脂っこい	清淡 qīngdàn あっさりしている

第一课～第五课　まとめ

1 “了”の使い方

“了”には文末と動詞の後ろに置かれるものがあり、1)～3)の意味を表す。

1)「～した／～している」を表す“了”　　　　　　　　　『新・学漢語1』第12課

他来了。

她没（有）去出差。

　否定形には“没（有）”を用い、「～しなかった／～していない」を表す。

我买了两本杂志。

　目的語にポイントを置きたい場合には動詞の直後に“了”を置く。

2)「～して…する」を表す“了”　　　　　　　　　　　『新・学漢語2』第4課

他下了班去学习汉语。

他下了班去学习汉语了。

　文末に“了”を置き、すでに起こったことを表す。

3)「～になる／～になった」を表す“了”　　　　　　　『新・学漢語2』第5課

大家的汉语比以前好了。

　文末に“了”を置き、状況の変化を表す。

●“了”の使い方に注意して中国語に訳しましょう！

1. 会社に着いたらあなたに電話します。
   ⇒

2. 私たちはたくさん唐詩を学びました。
   ⇒

3. やりたくなくなった。
   ⇒

4. 彼女はスーパーに買い物に行かなかった（行っていない）
   ⇒

5. 彼女はご飯を食べて出かけた。
   ⇒

6. 何を飲みましたか。
   ⇒

7. 彼は自転車に乗れるようになった。
   ⇒

8. 私たちは授業が終わったら飲みに行きましょう。
   ⇒

9. 遅くなったから早めに帰宅しましょう。
   ⇒

10. 先生はまだ来ていない。
    ⇒

2 助動詞のまとめ

助動詞	用法	否定形
想	願望 「～したい」	不想
会	習得して 「～できる」	不会
要	予定 「～することになっている」	―
	強い願望 「～したい」	不想
	義務 「～すべきである、～しなければならない」	不用
能	条件が整って 「～できる」	不能
	レベルや具体的な数字を表す	不能
可以	許可 「～してもよい」	不可以
	条件が整って 「～できる」	不能
	提案 「～するといい」	―

3 "一下""一会儿""一点儿""有点儿"の使い分け

日本語に訳すとすべて「少し、ちょっと」となるが、それぞれの表す意味や用法は異なる。

一下	試み、回数	看一下	動詞＋"一下"
一会儿	動作の時間	等一会儿	動詞＋"一会儿"
一点儿	量	一点儿东西	"一点儿"＋名詞
一点儿	比較	大一点儿	形容詞＋"一点儿"
有点儿	マイナスの気持ち	有点儿冷	"有点儿"＋形容詞

●左のページを参考に中国語を書き入れて、表を完成させましょう。

助動詞	用法			否定形
想				
会				
要				―
能				
可以				
				―

●確認してみましょう！

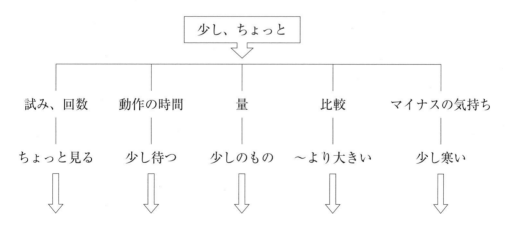

● 練習 ●━━

1 ①～④から正しいものを選び、日本語に訳しましょう。

(1)　① 请你帮我们翻译一下。

　　② 请你对我们翻译一下。

　　③ 请你帮我们一下翻译。

　　④ 请你翻译一下帮我们。

(2)　① 他滑雪滑的很好。

　　② 他滑雪滑得很好。

　　③ 他滑雪的很好。

　　④ 他滑雪得很好。

(3)　① 我见过一次她。

　　② 我见过她一次。

　　③ 我一次见过她。

　　④ 我见一次过她。

(4)　① 我会说一点儿汉语。

　　② 我会说一下汉语。

　　③ 我会说有点儿汉语。

　　④ 我会说汉语一点儿。

(5)　① 离车站很近，走两分钟就到。

　　② 离车站很近，走两分钟才到。

　　③ 从车站很近，两分钟走就到。

　　④ 从车站很近，走两分钟才到。

(6)　① 妈妈不让我玩儿手机。

　　② 妈妈让我不玩儿手机。

　　③ 妈妈手机不让我玩儿。

　　④ 妈妈让手机不玩儿我。

❷ (　　) の中に正しいものを入れましょう。

(1)　我已经学了三年了，(　　　　) 看中文杂志了。
　　　［会　能　不会　不能］

(2)　(　　　　) 今天有事，不能去开会了。
　　　［所以　但是　还是　因为］

(3)　这件衣服 (　　　) 贵，有便宜 (　　　) 的吗？
　　　［一点儿　有点儿　一下　一会儿］

(4)　他打扫得 (　　　) 快 (　　　) 干净。
　　　［了～了　～了…就　又～又…　先～然后］

(5)　你到 (　　　) 北京，(　　　) 给我打个电话。
　　　［又～又…　先～然后　～了…就　～了…已经］

(6)　晚 (　　　) 没关系。
　　　［一点儿　一个　有点儿　一下］

❸ 日本語の意味になるように並べ替えましょう。

(1)　彼は中国語が上手い、どうやって勉強したのかな。
　　　他 ／ 怎么 ／ 说得 ／ 他 ／ 很好 ／ 学 ／ 汉语 ／ 是 ／ 的
　　　⇒

(2)　子供がテレビを見ている時、お父さんは友達に電話をしていた。
　　　孩子 ／ 看 ／ 朋友 ／ 爸爸 ／ 电视 ／ 打 ／ 在 ／ 给 ／ 的 ／ 电话 ／ 时候
　　　⇒

(3)　彼は中国語が少し話せるが、まだ中国語で契約書は書けない。
　　　他 ／ 汉语 ／ 一点儿 ／ 说 ／ 会 ／ 但是 ／ 合同 ／ 不能 ／ 还 ／ 汉语 ／ 写 ／ 用
　　　⇒

(4) 小林さんは毎日1時間中国のテレビドラマを見ているので、中国語が以前より上手になった。

看／一个小时／每天／中国／他的汉语／小林／电视剧／比／好了／以前

⇒

(5) そこには2度行ったことがあるのに行き方を忘れた。

那儿／走／但／两次／忘了／去过／怎么／我

⇒

A61 **4** 音声を聞き、質問に中国語でこたえましょう。

(1) ① お父さんは何をしていますか。

_____

② 咪咪は何をしていますか。

_____

(2) ① 女性は旅行に行きますか。

_____

② それはなぜですか。

_____

A62 **5** 音声を聞き、内容に合っているものに〇をつけましょう。

(1) 我是由美的妹妹。 （　　　）

(2) 妹妹会做中国菜。 （　　　）

(3) 妹妹有中国朋友。 （　　　）

(4) 妹妹要去中国。 （　　　）

(5) 我们一家都要去中国。 （　　　）

6 中国語に訳しましょう。

(1) 彼女は火曜と金曜に中国語を習いに行き、1回2時間勉強する。

(2) 彼は毎日15分、ニュースを見ます。

(3) 試合は夜7時からなのに、彼は6時にはもう着いた。

(4) 私たちは知り合ってもう二十年以上になる。

(5) 私は中国の人と一緒に働く機会がないので、とても残念です。

(6) 姉がまだ来ていないので、母が私に電話するように言った。

第六课　就要过春节了

もうすぐ春節です

目標　日程について相談する

（杨＝杨丽芳 Yáng Lìfāng，马＝马敬宇 Mǎ Jìngyǔ）

A63
A64

杨： Rìběn kèhù de xíngchéng, nǐ ānpái le ma?
日 本 客 户 的 行 程，你 安 排 了 吗？

马： Hái méiyou, tāmen bú shì yuèdǐ cái lái ma?
还 没 有，他 们 不 是 月 底 才 来 吗？

杨： Jiù yào guò Chūnjié le, hěn duō dìfang dōu fàng jià.
就 要 过 春 节 了，很 多 地 方 都 放 假。

马： Hǎo, wǒ mǎshàng ānpái, xièxie nǐ tíxǐng wǒ.
好，我 马 上 安 排，谢 谢 你 提 醒 我。

杨： Chūnyùn qījiān chēpiào、bīnguǎn shénme dōu hěn jǐnzhāng, nǐ kuài
春 运 期 间 车 票、宾 馆 什 么 都 很 紧 张，你 快

shàng wǎng chá yíxià.
上 网 查 一 下。

马： Nǐ jīngcháng jiēdài kèhù, duì wǎngshàng yùyuē bǐjiào shúxi,
你 经 常 接 待 客 户，对 网 上 预 约 比 较 熟 悉，

nǐ bāng wǒ yùyuē ba.
你 帮 我 预 约 吧。

杨： Méi wèntí, búguò nǐ děi qǐng wǒ chī kǎoyā. Gāotiěpiào bǐjiào
没 问 题，不 过 你 得 请 我 吃 烤 鸭。高 铁 票 比 较

jǐnzhāng, zuò fēijī kěyǐ ma?
紧 张，坐 飞 机 可 以 吗？

Kěyǐ a, fēijī yě bǐ gāotiě kuài.
马：可以啊，飞机也比高铁快。

Nà jiù dìng fēijīpiào, zuò fēijī ba.
杨：那就订飞机票，坐飞机吧。

Tài xièxie nǐ le, zánmen jīntiān jiù qù chī kǎoyā.
马：太谢谢你了，咱们今天就去吃烤鸭。

（在飞机上）

"Lǚkè péngyoumen nǐmen hǎo, wǒmen de fēijī mǎshàng
"旅客 朋友们 你们 好，我们 的 飞机 马上

jiù yào qǐfēi le, qǐng nín jìhǎo ānquándài, děngdài qǐfēi."
就要起飞了，请您系好安全带，等待起飞。"

楊

① 日本のクライアントの日程は組んだかとたずねる

② もうすぐ春節だから、いろんな所が休みになるという

③ 春節期間は切符やホテルなど何もかも混み合うので、早くネットで調べるようにという

④ 承諾して、でも北京ダックをおごってくれないと、という
　高速鉄道のチケットは入手しにくいので、飛行機でいいかとたずねる

⑤ では飛行機のチケットを予約して、飛行機に乗ろうという

① 日本客户的行程，你安排了吗？

② 就要过春节了，很多地方都放假。

③ 春运期间车票、宾馆什么都很紧张，你快上网查一下。

④ 没问题，不过你得请我吃烤鸭。高铁票比较紧张，坐飞机可以吗？

⑤ 那就订飞机票，坐飞机吧。

馬

① まだだとこたえて、彼らは月末には来るんじゃないかという

② わかった、すぐに手配するといい、気づかせてくれてありがとうという

③ あなたはよくクライアントを接待しているし、ネット予約にも慣れているから代わりに予約してほしいとお願いする

④ いいよ、飛行機は高速鉄道よりも速いしという

⑤ 礼をいい、北京ダックは今日食べに行こうという

① 还没有，他们不是月底才来吗？

② 好，我马上安排，谢谢你提醒我。

③ 你经常接待客户，对网上预约比较熟悉，你帮我预约吧。

④ 可以啊，飞机也比高铁快。

⑤ 太谢谢你了，咱们今天就去吃烤鸭。

1 "要～了"、"就要～了"、"快要～了"、"快～了"

「彼はもうすぐ帰国する」のように「もうすぐ～」という文を作る。

他	要	回国	了。	Tā yào huí guó le.
飞机	就要	起飞	了。	Fēijī jiù yào qǐfēi le.
我们	快要	毕业	了。	Wǒmen kuài yào bì yè le.
会议	快	结束	了。	Huìyì kuài jiéshù le.

ただし、「来月にはもう帰国する」のように具体的な時間を表す語句がある場合には、"快要～了"、"快～了" は使わない。

他	下个月	就要	回国	了。	Tā xià ge yuè jiù yào huí guó le.
音乐会	七点	就要	开始	了。	Yīnyuèhuì qī diǎn jiù yào kāishǐ le.

"快～了" は名詞を間に置くことができる。

快九点了。　　　　　Kuài jiǔ diǎn le.
快春节了。　　　　　Kuài Chūnjié le.

2 "哪儿"、"什么"、"什么时候" などを用いた強調文

「どこへ行くにも便利」、「何も食べたくない」のように「例外なく～だ」と強調する時に用いる。

疑問詞 ＋ "都／也"

地铁去哪儿都很方便。　　　　Dìtiě qù nǎr dōu hěn fāngbiàn.

这件事谁都知道，你不用说了。　Zhè jiàn shì shéi dōu zhīdào, nǐ búyòng shuō le.

我不饿，什么也不想吃。　　　　Wǒ bú è, shénme yě bù xiǎng chī.

你有困难的话，什么时候来找我都可以。

　　　　　　　　Nǐ yǒu kùnnan de huà, shénme shíhou lái zhǎo wǒ dōu kěyǐ.

3 "不是～吗？"

反語を表す。「月末に来るんじゃないの？」という否定の形で「月末に来る」という意味を強調する。

他们不是月底才来吗？	Tāmen bú shì yuèdǐ cái lái ma?
你不是知道吗？	Nǐ bú shì zhīdào ma?
你不是吃了吗？	Nǐ bú shì chī le ma?

4 助動詞 "得 děi"

助動詞 "得 děi" は動詞の前に置いて「～しなければならない」という意味を表す。否定は "不用" を使う。

你得请我吃烤鸭。	Nǐ děi qǐng wǒ chī kǎoyā.
太晚了，我得走了。	Tài wǎn le, wǒ děi zǒu le.

5 "对"

介詞 "对" は「～に対して」、「～に」のように対象を示す。

他对网上预约很熟悉。	Tā duì wǎngshàng yùyuē hěn shúxi.
妹妹对游戏不感兴趣。	Mèimei duì yóuxì bù gǎn xìngqù.

1 下線部を入れ替えて練習しましょう。

A65 1) A: <u>他们</u>什么时候<u>出发</u>？　　　　　<u>Tāmen</u> shénme shíhou <u>chūfā</u>?

B: <u>他们</u> 明天就要<u>出发</u>了。　　　　<u>Tāmen</u> míngtiān jiù yào <u>chūfā</u> le.

① 他们 tāmen　　　结婚 jié hūn　　　下个月 xià ge yuè

② 樱花 yīnghuā　　开 kāi　　　　这个星期 zhè ge xīngqī

③ 客人 kèren　　　到 dào　　　　马上 mǎshàng

A66 2) 你不是<u>累了</u>吗？快<u>休息一下</u>吧。　　Nǐ bú shì <u>léi le</u> ma? Kuài <u>xiūxi yíxià</u> ba.

① 饿了 è le　　　　　　吃 chī

② 有意见 yǒu yìjiàn　　说 shuō

③ 想去 xiǎng qù　　　　去 qù

2 適当な疑問詞を選び、文を完成させましょう。

[什么　　哪儿　　谁　　几点　　多少　　怎么]

1) 他在这儿很有名，（　　　　　）都认识他。

2) 明天我休息，你（　　　　　）来都可以。

3) 你不用担心，（　　　　）说都行。

4) 我第一次来中国，（　　　　　）都想去看看。

5) 这家超市（　　　　）都便宜。

6) 今天是自助餐，吃（　　　　）都没问题。

③ "就要～了"、"快～了" のいずれかを用いて文を言い換えましょう。

1)　她后天回国。　　　　　⇒

2)　姐姐三十岁。　　　　　⇒

3)　我们学校下个月放寒假。　⇒

④ 例にならって "不是～吗？" を用いて文を言い換えましょう。

　　例）这是练习口语的好机会。　⇒　这不是练习口语的好机会吗？

1)　你的眼镜在你的头上。　⇒

2)　他去过迪士尼乐园。　　⇒

3)　我说明天没有时间。　　⇒

⑤ 日本語に訳しましょう。

1)　虽然你几点开始都可以，但是不能太晚。

2)　他第一次到北京，哪儿都想去看看。

3)　她对谁都很好，大家都很喜欢她。

4)　今天开会，大家不要紧张，说什么都可以。

5)　你怎么想都可以。

6

A67 1) 音声を聞き、質問に対する答えを以下の表から選びましょう。

① 快几月了？　　　　　　（　　　　　）

② 姐姐得做什么？　　　　（　　　　　）

③ 她对什么感兴趣？　　　（　　　　　）

①	七月	八月
②	加班	过生日
③	看比赛	看电影

A68 2) 音声を聞き、内容と一致するものを選びましょう。

① a. 什么时候都可以去。

　 b. 晚上不可以去。

② a. 快八点了。

　 b. 快十点了。

7 中国語に訳しましょう。

1) クライアントは3日後にはもう来る。

2) 中国語を学ぶ学生たちは、みな中国文化に興味がある。

3) 彼女に今日は授業がないと伝えたんじゃないんですか。

4) 気に入ったら何泊してもいいですよ。

5) 10回読んだだけでは足りません、30回読まないといけません。

6) 今年の夏休みは、初めて一人で海外旅行に行きます。

単 語

A69 ● 本文単語 ●

1. 杨丽芳 Yáng Lìfāng ［名］楊麗芳
2. 马敬宇 Mǎ Jìngyǔ ［名］馬敬宇
3. 过 guò ［動］過ごす
4. 春节 Chūnjié ［名］春節
5. 行程 xíngchéng

    ［名］行程、スケジュール
6. 提醒 tíxǐng

  ［動］気づかせる、注意を与える
7. 春运 chūnyùn

   ［名］春節時の帰省特別輸送期間
8. 期间 qījiān ［名］期間
9. 车票 chēpiào ［名］(電車、バスの)切符
10. 票 piào ［名］切符、チケット
11. 宾馆 bīnguǎn ［名］ホテル
12. 快 kuài ［副］急いで、早く
13. 经常 jīngcháng ［副］いつも、常に
14. 接待 jiēdài ［動］接待する
15. 网上 wǎngshàng ［名］オンライン上
16. 预约 yùyuē ［名・動］予約（する）
17. 不过 búguò ［接］ただし、でも
18. 得 děi ［助動］〜しなければならない
19. 高铁 gāotiě ［名］高速鉄道
20. 订 dìng ［動］予約する、注文する
21. 旅客 lǚkè ［名］旅客
22. 起飞 qǐfēi ［動］離陸する
23. 系好 jìhǎo ［動］しっかり締める、結ぶ
24. 安全带 ānquándài ［名］シートベルト
25. 等待 děngdài ［動］待つ

A70 ● 学習ポイント・練習単語 ●

1. 结束 jiéshù ［動］終わる
2. 饿 è ［形］空腹である
3. 困难 kùnnan ［名・形］困難（である）
4. 感兴趣 gǎn xìngqù 興味がある
5. 出发 chūfā ［動］出発する
6. 樱花 yīnghuā ［名］桜
7. 客人 kèren ［名］客
8. 第一次 dì yī cì 初めて
9. 自助餐 zìzhùcān ［名］ビュッフェ
10. 口语 kǒuyǔ ［名］口語、話し言葉
11. 眼镜 yǎnjìng ［名］メガネ
12. 头 tóu ［名］頭

飛行機・空港

登机口	登机牌	商务舱	经济舱	海关
dēngjīkǒu	dēngjīpái	shāngwùcāng	jīngjìcāng	hǎiguān
搭乗口	搭乗券	ビジネスクラス	エコノミークラス	税関

绿色通道	起飞	降落	入境	空乘
lǜsètōngdào	qǐfēi	jiàngluò	rù jìng	kōngchéng
無申告通路	離陸する	着陸する	入国する	客室乗務員

Xiāngchóu

乡 愁

Yú Guāngzhōng

余 光 中

xiǎo shíhou,
小 时 候,

xiāngchóu shì yì méi xiǎoxiǎo de yóupiào,
乡 愁 是 一 枚 小 小 的 邮 票,

wǒ zài zhè tóu,
我 在 这 头,

mǔqin zài nà tóu.
母 亲 在 那 头。

zhǎngdà hòu,
长 大 后,

xiāngchóu shì yì zhāng zhǎizhǎi de chuánpiào,
乡 愁 是 一 张 窄 窄 的 船 票,

wǒ zài zhè tóu,
我 在 这 头,

xīnniáng zài nà tóu.
新 娘 在 那 头。

hòulái a,
后 来 啊,

xiāngchóu shì yì fāng ǎiǎi de fénmù,
乡 愁 是 一 方 矮 矮 的 坟 墓,

wǒ zài wàitóu,
我 在 外 头,

mǔqin zài lǐtóu.
母 亲 在 里 头。

ér xiànzài,
而 现 在,

xiāngchóu shì yì wān qiǎnqiǎn de hǎixiá,
乡 愁 是 一 湾 浅 浅 的 海 峡,

wǒ zài zhè tóu,
我 在 这 头,

dàlù zài nà tóu.
大 陆 在 那 头。

第七课　手续办好了吗？

手続きは済みましたか

目標　来日する家族について話す

B02
B03

Chīwán zǎofàn, Liú Lì hé tàitai zài kètīng tán ràng fùmǔ
吃完 早饭，刘 力 和 太太 在 客厅 谈 让 父母

lái Rìběn de shì. Tāmen de háizi kuài liù ge yuè le, tāmen liǎng
来 日本 的 事。他们 的 孩子 快 六 个 月 了，他们 两

ge rén dōu yào shàng bān, suǒyǐ xiǎng qǐng fùmǔ duō zhù jǐ ge yuè,
个 人 都 要 上 班，所以 想 请 父母 多 住 几 个 月，

bāng tāmen kān yíxià háizi.
帮 他们 看 一下 孩子。

　　Yīnwèi tàn qīn qiānzhèng hé lǚyóu qiānzhèng bù yíyàng,
　　因为 探 亲 签证 和 旅游 签证 不 一样，

suǒyǐ shǒuxù bǐjiào fùzá. Fùmǔ de qiānzhèng yǐjīng bànle
所以 手续 比较 复杂。父母 的 签证 已经 办了

liǎng ge duō yuè le, dàn hái méiyou bànhǎo. Xiǎng jìn yòu'éryuán de
两 个 多 月 了，但 还 没有 办 好。想 进 幼儿园 的

háizi tài duō, tāmen de háizi hái bù néng jìn, tāmen hěn zháojí,
孩子 太多，他们 的 孩子 还 不 能 进，他们 很 着急，

xiǎng ràng fùmǔ zǎo diǎnr lái Rìběn.
想 让 父母 早 点儿 来 日本。

　　Xiànzài yìxiē Zhōngguó lǎorén yào dào wàidì huò wàiguó bāng
　　现在 一些 中国 老人 要 到 外地 或 外国 帮

háizi zhàogù sūnzi、 sūnnǚ, hěn duō rén jiào tāmen "lǎopiāozú",
孩子 照顾 孙子、 孙女，很 多 人 叫 他们 "老漂族"，

"kělián tiānxià fùmǔ xīn".
"可 怜 天 下 父 母 心"。

Liú Lì dǎsuàn ràng fùmǔ míngnián sān yuè zhōngxún lái. Nàshí,
刘 力 打 算 让 父 母 明 年 三 月 中 旬 来。那 时,

yīnghuā shèngkāi, piàoliang jíle, kěyǐ hǎohāor xīnshǎng yíxià
樱 花 盛 开, 漂 亮 极 了,可 以 好 好 儿 欣 赏 一 下

yīnghuā de měijǐng.
樱 花 的 美 景。

注 釈

"可怜天下父母心"：「すべての親は、子のことに心を砕き愛しく思っている」。

手续办好了吗?

吃完早饭,刘力和太太在客厅谈让父母来日本的事。他们的孩子快六个月了,他们两个人都要上班,所以想请父母多住几个月,帮他们看一下孩子。

因为探亲签证和旅游签证不一样,所以手续比较复杂。父母的签证已经办了两个多月了,但还没有办好。想进幼儿园的孩子太多,他们的孩子还不能进,他们很着急,想让父母早点儿来日本。

现在一些中国老人要到外地或外国帮孩子照顾孙子、孙女,很多人叫他们"老漂族","可怜天下父母心"。

刘力打算让父母明年三月中旬来。那时,樱花盛开,漂亮极了,可以好好儿欣赏一下樱花的美景。

Jiāng xuě

江 雪

Liǔ Zōngyuán

柳 宗元

qiān shān niǎo fēi jué

千 山 鸟 飞 绝

wàn jìng rén zōng miè

万 径 人 踪 灭

gū zhōu suō lì wēng

孤 舟 蓑 笠 翁

dú diào hán jiāng xuě

独 钓 寒 江 雪

千山鳥飛絶え

万径 (ばんけい) 人蹤 (じんしょう) 滅す

孤舟、蓑笠 (さりふ) の翁

独り釣る寒江の雪

●本文に基づいて問答練習をしましょう。

1. 劉力さんと妻はリビングで何を話していますか。

2. 彼らの子供はいくつですか。

3. 劉力さんと妻はなぜ両親に日本へ来てもらいたいのですか。

4. 親族訪問ビザと観光ビザはどちらの手続きが複雑ですか。

5. 劉力さんの両親のビザは手続きをしてどのくらい経ちますか。

6. 劉力さんの子供はなぜ幼稚園に入れないのですか。

7. "老漂族"はどういう意味ですか。

8. 劉力さんはなぜ両親に３月中旬に日本へ来てもらいたいのですか。

Liú Lì hé tàitai zài kètīng tán shénme?
1. 刘 力 和 太 太 在 客 厅 谈 什 么？

Tāmen de háizi duōdà?
2. 他 们 的 孩 子 多 大？

Liú Lì hé tàitai wèi shénme xiǎng qǐng fùmǔ lái Rìběn?
3. 刘 力 和 太 太 为 什 么 想 请 父 母 来 日 本？

Tàn qīn qiānzhèng hé lǚyóu qiānzhèng, nǎ ge shǒuxù fùzá?
4. 探 亲 签 证 和 旅 游 签 证，哪 个 手 续 复 杂？

Liú Lì fùmǔ de qiānzhèng yǐjīng bànle duōcháng shíjiān le?
5. 刘 力 父 母 的 签 证 已 经 办 了 多 长 时 间 了？

Liú Lì de háizi wèi shénme bù néng jìn yòu'éryuán?
6. 刘 力 的 孩 子 为 什 么 不 能 进 幼 儿 园？

"Lǎopiāozú" shì shénme yìsi?
7. "老 漂 族" 是 什 么 意 思？

Liú Lì wèi shénme dǎsuàn ràng fùmǔ sān yuè zhōngxún lái
8. 刘 力 为 什 么 打 算 让 父 母 三 月 中 旬 来

Rìběn?
日 本？

1 結果補語 —— 1

動詞の後ろで動作の結果を表す動詞や形容詞を結果補語という。例えば、"听"の後ろに結果補語を伴うと次のようになる。

听	见 jiàn	聞こえる
	完 wán	聞き終わる
	错 cuò	聞き間違える
	懂 dǒng	聞いてわかる

動詞と結果補語の間には目的語や"了"を入れることができない。否定形は動詞の前に"没(有)"を置く。

肯定文：	我写完信了。	Wǒ xiěwán xìn le.
	号码我写错了。	Hàomǎ wǒ xiěcuò le.

否定文：	我没听懂。	Wǒ méi tīngdǒng.
	我没听错。	Wǒ méi tīngcuò.

疑問文：	你写完了吗？	Nǐ xiěwán le ma?
	你看懂了没有？	Nǐ kàndǒng le méiyou?

結果補語によく使われる動詞や形容詞

結果補語	補語が表す意味	例		
完	終わる	看完	做完	洗完
错	間違える	打错	买错	走错
好	ちゃんと完成する	系好	学好	准备好
见	視覚、聴覚等で認識する	看见	听见	梦见
懂	理解する	听懂	看懂	读懂
晚	遅くなる	来晚	起晚	去晚

2 "多～"

動詞の前に置いて、「多めに～」「余計に～」という意味を表す。

他想请父母来日本多住几个月。	Tā xiǎng qǐng fùmǔ lái Rìběn duō zhù jǐ ge yuè.
多喝水。	Duō hē shuǐ.
多收了钱。	Duō shōule qián.

3 "～极了"

形容詞や気持ちを表す動詞の後ろに置いて、程度が非常に高いことを表す。

日本的樱花漂亮极了。	Rìběn de yīnghuā piàoliang jíle.
汉语很有意思，我喜欢极了。	Hànyǔ hěn yǒu yìsi, wǒ xǐhuan jíle.

1 下線部を入れ替えて練習しましょう。

B06 1) A: 你写完作业了吗？　　　　　Nǐ xiěwán zuòyè le ma?

B: 还没写完。　　　　　　　Hái méi xiěwán.

① 看 kàn　　　　　这本书 zhè běn shū

② 用 yòng　　　　　电脑 diànnǎo

③ 学 xué　　　　　第七课 dì qī kè

B07 2) A: 地址我写错了。　　　　　Dìzhǐ wǒ xiěcuò le.

B: 请再写一遍。　　　　　　Qǐng zài xiě yí biàn.

① 电话号码 diànhuà hàomǎ　　　说 shuō

② 这个字 zhè ge zì　　　　　念 niàn

③ 录音 lùyīn　　　　　　　听 tīng

B08 3) A: 手续 办好了吗？　　　　　Shǒuxù bànhǎo le ma?

B: 还没办好。　　　　　　　Hái méi bànhǎo.

① 晚饭 wǎnfàn　　　做 zuò

② 手机 shǒujī　　　修 xiū

③ 礼物 lǐwù　　　　准备 zhǔnbèi

B09 4) A: 你看见我的书了吗？　　　Nǐ kànjiàn wǒ de shū le ma?

B: 我没看见。　　　　　　　Wǒ méi kànjiàn.

① 听 tīng　　　　　鸟叫声 niǎojiàoshēng

② 看 kàn　　　　　富士山 Fùshìshān

③ 听 tīng　　　　　老师的话 lǎoshī de huà

2 日本語の部分を "～极了" を用いて中国語に訳し、文を完成させましょう。

1) 我走了一天路，とても疲れた。

2) 今天我很忙，没（有）时间吃饭，すごくお腹がすいた。

3) 她的歌 素晴らしかった。

4) 她有弟弟了，（彼女は）とても喜んだ。

3 日本語の部分を "多～" を用いて中国語に訳し、文を完成させましょう。

1) 今天外边很冷，一枚余計に着なさい。

2) 你不是晚上要加班吗？たくさん食べなさい。

3) 今天我课文念得不好，先生は何度か多く読むように言った。

4) 小王他们说也想去看比赛，私たちは何枚か多めに切符を買いました。

5) 明天我下午上班，1時間多く寝られる。

4 適当な単語を選び、会話を完成させましょう。

1) 看　看见

A: 王老师家在哪儿？
B: 你（　　　　）那儿，那儿有一个大楼。
A: 在哪儿？我没（　　　　）。
B: 在那儿，银行旁边。
A: 噢，我（　　　　）了。

2) 听　听懂　听见

A: 你（　　　），咪咪在唱歌呢。

B: 我（　　　）了。它在唱什么？

A: 你没（　　　）吗？你好好儿（　　　）。

3) 想　想好

A: 今年春节怎么过？你（　　　）了吗？

B: 当然（　　　）了。我从上个月就开始（　　　）了。你呢？

A: 我太忙，没有时间（　　　），不过我（　　　）就告诉你。

B10　5　音声を聞き、内容と一致しているものを選びましょう。

1) ① 写得很好
　　② 写错了
　　③ 没写错

2) ① 写错了
　　② 听错了
　　③ 走错了

3) ① 没看完
　　② 没看懂
　　③ 没看见

6 中国語に訳しましょう。

1) 駅で電車を待っている時にあなたを見かけました。

2) ご飯ができたよ、早く食べにおいで。

3) 電車を乗り間違えたので、君をずいぶん待たせてしまった。

4) その部屋は掃除し終わっていないので、まだ使えません。

5) 今日は家の用事があるので、早めに失礼したい。

6) 彼女は早口だけど、聞き取れましたか。

単 語

B11 ●本文単語●

1. 刘力 Liú Lì　[名] 劉力（人名）
2. 太太 tàitai　[名] 妻
3. 客厅 kètīng　[名] リビング
4. 谈 tán　[動] 語る、話し合う
5. 父母 fùmǔ　[名] 両親
6. 多 duō　[副] 多めに
7. 看 kān　[動] 見守る、世話をする
8. 探亲 tàn qīn　[動] 親族を訪ねる
9. 签证 qiānzhèng　[名] ビザ
10. 手续 shǒuxù　[名] 手続き
11. 复杂 fùzá　[形] 複雑だ
12. 办 bàn　[動] する、処理する
13. 进 jìn　[動] 入る
14. 幼儿园 yòu'éryuán　[名] 幼稚園
15. 着急 zháojí
　　[形] 焦る、気をもむ、イライラする
16. 早点儿 zǎo diǎnr　早めに
17. 老人 lǎorén　[名] 老人

18. 外地 wàidì　[名] 他の土地、地方
19. 或（者）huò(zhě)　[接] あるいは
20. 照顾 zhàogù　[動] 世話をする
21. 孙子 sūnzi　[名] 孫（男）
22. 孙女 sūnnǚ　[名] 孫（女）
23. 老漂族 lǎopiāozú　[名] 子や孫の世話
　　のため故郷を離れて暮らす老人
24. 可怜 kělián
　　[形・動] かわいそうである、憐れむ
25. 天下 tiānxià　[名] 天下、世の中
26. 心 xīn　[名] 心、気持ち
27. 中旬 zhōngxún　[名] 中旬
28. 时 shí　[名] 時、時分
29. 盛开 shèngkāi　[動] 満開である
30. 极了 jíle　とても、実に
31. 欣赏 xīnshǎng　[動] 鑑賞する
32. 美景 měijǐng　[名] 美しい景色

B12 ●問答練習単語●

1. 意思 yìsi　[名] 意味

● 学習ポイント・練習単語 ●

1. 完 wán ［動］終わる
2. 错 cuò ［動］間違える
3. 懂 dǒng ［動］わかる
4. 准备 zhǔnbèi ［動］準備する
5. 梦 mèng ［名］夢
6. 梦见 mèngjiàn ［動］夢を見る
7. 读 dú ［動］読む
8. 修 xiū ［動］修理する

9. 鸟叫声 niǎojiàoshēng ［名］鳥の鳴き声
10. 话 huà ［名］話
11. 走路 zǒu lù ［動］歩く
12. 累 lèi ［形］疲れている
13. 大楼 dàlóu ［名］ビル
14. 噢 ò ［感］ああ、そうか
15. 刚才 gāngcái ［名］さきほど
16. 叫 jiào ［動］（人を）呼ぶ、叫ぶ

色

红	绿	黑	白	蓝	黄
hóng	lù	hēi	bái	lán	huáng
赤い	緑	黒い	白い	青い	黄色い

金	银	紫	粉红	灰色	棕色
jīn	yín	zǐ	fěnhóng	huīsè	zōngsè
金	銀	紫	ピンク	グレー	茶色

看到深夜两点

夜中の２時まで見ました

目標 理由や情況を説明して謝る

（**李**＝李华 Lǐ Huá，**山本**＝山本 Shānběn）

B15
B16

李：
Duìbuqǐ, wǒ láiwǎn le. Diànchē chūle shìgù, děngle hěn
对 不 起，我 来 晚 了。电 车 出 了 事 故，等 了 很

cháng shíjiān le ba?
长 时 间 了 吧？

山本：
Méi děng duōcháng shíjiān. Nǐ jīntiān liǎnsè bú tài hǎo, méi
没 等 多 长 时 间。你 今 天 脸 色 不 太 好，没

xiūxi hǎo ma?
休 息 好 吗？

李：
Jiāli kōngtiáo huài le, rè de yàomìng, zhè jǐ tiān méi shuìhǎo.
家 里 空 调 坏 了，热 得 要 命，这 几 天 没 睡 好。

山本：
Zuótiān de Shìjièbēi juésài hěn yǒu yìsi, wǒ yě kàndào
昨 天 的 世 界 杯 决 赛 很 有 意 思，我 也 看 到

shēnyè liǎng diǎn cái shuì.
深 夜 两 点 才 睡。

李：
Kuài zǒu ba, fàndiàn yǐjīng dìnghǎo le.
快 走 吧，饭 店 已 经 订 好 了。

山本：
Zhēn bù hǎoyìsi, nǐ gāng tiào cáo,
真 不 好 意 思，你 刚 跳 槽，

gōngzuò yuèláiyuè máng,
工 作 越 来 越 忙，

hái lái gěi wǒ guò shēngrì.
还 来 给 我 过 生 日。

（在饭店）

李： Nǐ bìshang yǎnjing……
你 闭 上 眼 睛……

Āiyā! Nǐ de shēngrì lǐwù wǒ wàngzài jiāli le.
哎 呀! 你 的 生 日 礼 物 我 忘 在 家 里 了。

山本： Nǐ gēn wǒ yíyàng, yě shì ge "mǎdàhā".
你 跟 我 一 样，也 是 个 "马 大 哈"。

李： Bàoqiàn bàoqiàn, wǒ xià xīngqī jìgěi nǐ huòzhě sòngdào nǐ
抱 歉 抱 歉，我 下 星 期 寄 给 你 或 者 送 到 你

jiā ba.
家 吧。

山本： Bù jí bù jí, zhǐyào néng yìqǐ chī fàn, wǒ jiù hěn gāoxìng.
不 急 不 急，只 要 能 一 起 吃 饭，我 就 很 高 兴。

Éi, jǐ diǎn le? Wǒ de shǒujī wàngzài jiāli le.
欸，几 点 了? 我 的 手 机 忘 在 家 里 了。

李： Wǒ de shǒujī yě huài le, zuótiān gāng nádào diànqìdiàn xiūlǐ le.
我 的 手 机 也 坏 了，昨 天 刚 拿 到 电 器 店 修 理 了。

山本： Zhēn shì "huò bù dān xíng" a, jīntiān háishi wǒ qǐng kè ba.
真 是 "祸 不 单 行" 啊，今 天 还 是 我 请 客 吧。

李： Zhè zěnme xíng ne? Tài méi miànzi le.
这 怎 么 行 呢? 太 没 面 子 了。

山本： Nà jiù "gōngjìng bùrú cóngmìng" le.
那 就 "恭 敬 不 如 从 命" 了。

！ 注 釈

① "这怎么行呢?"：「それがなぜいいのか」という意味から「それはだめだ」という否定を
強調する反語表現。

② "恭敬不如从命"：「仰せの通りにいたします」という意味。

李

① 電車の事故があって遅れたことを謝り、長い時間待っただろうという

② 家のエアコンが壊れたので、暑くてたまらず、ここ数日よく眠れていないという

③ 早く行こう、レストランも予約してあるからという

④ 目を閉じて…あれ?! 誕生日プレゼントを家に忘れてきてしまったという

⑤ 謝り、来週あなたに郵送するか家に届けようという

⑥ 私の携帯も壊れたので、昨日電器屋に修理に持って行ったばかりだという

⑦ そうはいかない、それではメンツが立たないという

① 对不起，我来晚了。电车出了事故，等了很长时间了吧？

② 家里空调坏了，热得要命，这几天没睡好。

③ 快走吧，饭店已经订好了。

④ 你闭上眼睛……哎呀！你的生日礼物我忘在家里了。

⑤ 抱歉抱歉，我下星期寄给你或者送到你家吧。

⑥ 我的手机也坏了，昨天刚拿到电器店修理了。

⑦ 这怎么行呢？太没面子了。

山本

① そんなに待っていない。今日は顔色があまりよくないが、よく休めなかったのかとたずねる

② 昨日のワールドカップの決勝が面白かったので、私も夜中の2時まで見てやっと寝たという

③ 申し訳ない、あなたは転職したばかりで仕事もますます忙しいのに、私の誕生日を祝ってくれるなんてという

④ 私と同じであなたも「うっかり者」だねという

⑤ そう急がないでいいよ、一緒に食事ができるだけでうれしいからという。何時になった？ 携帯を家に忘れてきてしまったという

⑥ まったく踏んだり蹴ったりだね、やっぱり今日は私がご馳走するという

⑦ では「仰せの通りにいたします」という

① 没等多长时间。你今天脸色不太好，没休息好吗？

② 昨天的世界杯决赛很有意思，我也看到深夜两点才睡。

③ 真不好意思，你刚跳槽，工作越来越忙，还来给我过生日。

④ 你跟我一样，也是个"马大哈"。

⑤ 不急不急，只要能一起吃饭，我就很高兴。欸，几点了？我的手机忘在家里了。

⑥ 真是"祸不单行"啊，今天还是我请客吧。

⑦ 那就"恭敬不如从命"了。

1 結果補語 —— 2

"在"、"到"、"给" は結果補語として以下のように用いる。

"在"：動作の結果、落ち着く場所を表す

「家に忘れた」「机に置く」は次のように言う。

生日礼物忘在家里了。	Shēngrì lǐwù wàngzài jiāli le.
词典放在桌子上。	Cídiǎn fàngzài zhuōzi shàng.

"到"：動作の到達地点や時間を表す

「会社まで持っていく」「深夜2時まで見る」は次のように言う。

我下星期拿到公司。	Wǒ xià xīngqī nádào gōngsī.
我看到深夜两点。	Wǒ kàndào shēnyè liǎng diǎn.

"到"：動作が目的を達成することを表す

「本を買った（買えた）」「携帯電話を見つけた」は次のように言う。

老师介绍的书你买到了吗？	Lǎoshī jièshào de shū nǐ mǎidào le ma?
我找到手机了。	Wǒ zhǎodào shǒujī le.

"给"：動作の受け手を表す

「あなたに郵送する」「先生に渡す」は次のように言う。

我寄给你。	Wǒ jìgěi nǐ.
作业我已经交给老师了。	Zuòyè wǒ yǐjīng jiāogěi lǎoshī le.

2 “～得要命”

形容詞や感情を表す動詞の後ろに置いて、程度が非常に高いことを表す。

今天热得要命。　　　　　　　　Jīntiān rè de yàomìng.

收到了礼物，他高兴得要命。　　Shōudàole lǐwù, tā gāoxìng de yàomìng.

3 “越来越～”

「ますます～」、「だんだん～」などの意味を表す。

课文的内容越来越有意思了。　　Kèwén de nèiróng yuèláiyuè yǒu yìsi le.

到了三月，天气越来越暖和了。　Dàole sān yuè, tiānqì yuèláiyuè nuǎnhuo le.

不会用手机的人越来越少。　　　Bú huì yòng shǒujī de rén yuèláiyuè shǎo.

4 “只要～就…”

「～さえすれば…だ」という意味を表す。

只要你给我打个电话，我就去接你。

Zhǐyào nǐ gěi wǒ dǎ ge diànhuà, wǒ jiù qù jiē nǐ.

只要你说得慢一点儿，他们就能听懂。

Zhǐyào nǐ shuōde màn yìdiǎnr, tāmen jiù néng tīngdǒng.

你只要每天练习，就能说得越来越好。

Nǐ zhǐyào měitiān liànxí, jiù néng shuōde yuèláiyuè hǎo.

1 下線部を入れ替えて練習しましょう。

B17 1) A: 照片呢？　　　　　　　　　Zhàopiàn ne?

B: 我忘在家里了。　　　　　　Wǒ wàngzài jiāli le.

① 房间的钥匙 fángjiān de yàoshi

忘 wàng　　　　服务台 fúwùtái

② 给孩子买的圣诞礼物 gěi háizi mǎi de Shèngdàn lǐwù

藏 cáng　　　　衣柜里 yīguì li

③ 让你买的菜 ràng nǐ mǎi de cài

放 fàng　　　　冰箱里 bīngxiāng li

B18 2) A: 昨天晚上的比赛 看了吗？　　Zuótiān wǎnshang de bǐsài kàn le ma?

B: 看了，看到深夜两点。　　　Kàn le, kàndào shēnyè liǎng diǎn.

① 那个中国电影 nà ge Zhōngguó diànyǐng

上演 shàngyǎn　　　　下个月二十号 xià ge yuè èrshí hào

② 下午的历史讲座 xiàwǔ de lìshǐ jiǎngzuò

听 tīng　　　　下午四点 xiàwǔ sì diǎn

③ 第八课 dì bā kè

学 xué　　　　一半 yíbàn

B19 3) A: 你买到《学汉语》了吗？　　Nǐ mǎidào «Xué Hànyǔ» le ma?

B: 很可惜，我没买到。　　　　Hěn kěxī, wǒ méi mǎidào.

① 找 zhǎo　　　你的钱包 nǐ de qiánbāo

② 拿 ná　　　驾照 jiàzhào

③ 收 shōu　　　老板的红包 lǎobǎn de hóngbāo

4)　A: 贺年片你寄给朋友了吗？　　　　Hèniánpiàn nǐ jìgěi péngyou le ma?

　　B: 哎呀，我忘了，还没寄。　　　　Āiyā, wǒ wàng le, hái méi jì.

　① 复印的资料 fùyìn de zīliào　　　发 fā　　　　大家 dàjiā

　② 借的东西 jiè de dōngxi　　　　还 huán　　　小王 Xiǎo Wáng

　③ 春节礼物 Chūnjié lǐwù　　　　　送 sòng　　　赵师傅 Zhào shīfu

2 （　　　）に適当な結果補語を入れましょう。

1)　今天工作太多了，我还没做（　　　）。

2)　老师，这个句子我念（　　　）了，我再念一遍，可以吗？

3)　我们已经学（　　　）第八课了。

4)　这课的课文，有点儿难，但是还能看（　　　）。

5)　A: 你找什么？

　　B: 我找钱包呢，忘了放（　　　）哪儿了。

　　A: 你好好儿找找。

　　B: 我找了半天，还是没找（　　　）。

6)　A: 车站前的邮局开（　　　）几点？我寄包裹来得及吗？

　　B: 开（　　　）五点。我有车，包裹交（　　　）我，我帮你送（　　　）邮局。

　　A: 太好了，谢谢你。这个苹果送（　　　）你。

3 例にならって"只要～就…"を用いて会話文を作りましょう。

例) A: 明天你们去爬山吗？

　　B: 只要天气好，我们就去爬山。

1)　A: あなたは～に行く？　　　　　_____

　　B: あなたが行く、私は行く　　_____

2)　A: 私は～をマスターできる？　　_____

　　B: 努力する、マスターできる　　_____

3)　A: 来週～へ遊びに行く？　　　　_____

　　B: 急用がない、遊びに行く　　　_____

4 音声を聞き、質問に中国語で答えましょう。

1)　① 他为什么想买书？　　　_____

　　② 在哪儿可以买到书？　　_____

2)　① 明天有什么课？　　　　_____

　　② 他为什么学到很晚？　　_____

3)　① 由美她们去哪儿了？那儿怎么样？　_____

　　② 由美坐在哪边？　　　　_____

5 中国語に訳しましょう。

1) 転職したがっていたそうだけど、いい会社は見つかりましたか。

2) この本、面白いから貸してあげるよ。

3) すみません、遅れました。ずいぶんお待ちになったでしょう。

4) 私たちは1時から6時まで掃除して、もうくたくただ。

5) 2元さえ払えば地下鉄に乗れます。

6) それらの資料はあなたの机の上に置きました。

7) あなたの中国語はますます上手になりましたね。

8) 医師は彼の病気は必ず治ると言った。

● 本文単語 ●

単語

1. 深夜 shēnyè　[名] 深夜、夜中
2. 出差 chū chā　[動] 出張する、起こる
3. 事故 shìgù　[名] 事故
4. 脸色 liǎnsè　[名] 顔色
5. 休息 xiūxi　[動] 休む、休憩する
6. 空调 kōngtiáo　[名] エアコン
7. 坏 huài　[動] 壊れる、傷む、腐る
8. 要命 yàomìng　(程度が)ひどい
9. 世界杯 Shìjièbēi　[名] ワールドカップ
10. 决赛 juésài　[名] 決勝戦
11. 饭店 fàndiàn　[名] レストラン、ホテル
12. 不好意思 bù hǎoyìsi
　申し訳ない、恥ずかしい
13. 刚 gāng　[副] ～したばかり、たった今
14. 跳槽 tiào cáo　[動] 転職する
15. 越来越～ yuèláiyuè～ だんだん～になる
16. 因上 bìshàng　[動] 閉じる
17. 哎呀 āiyā　[感] あれっ

18. 马大哈 mǎdàhā
　[名・形] 粗忽者、そそっかしい
19. 抱歉 bàoqiàn　[形] 申し訳なく思う
20. 寄 jì　[動] 郵送する
21. 忘记 wàngji　[動] 忘れる、忘れる
22. 只要～(就)… zhǐyào～(jiù)…
　～さえあれば…
23. 欸 ei　[感] (提示を求める気持ち)あれ
24. 拿 ná　[動] (手で)持つ、つかむ
25. 电器店 diànqìdiàn　[名] 電器店
26. 修理 xiūlǐ　[動] 修理する
27. 祸不单行 huò bù dān xíng
　[成] 災いは重なるものである
28. 还是 háishi　[副] やはり～
29. 请客 qǐng kè　[動]
　おごる、ごちそうする、招待する
30. 面子 miànzi　[名] 面目、メンツ
31. 恭敬不如从命 gōngjìng bùrú cóngmíng
　[慣] 仰せの通りにいたします

1. 放 fàng　［動］置く
2. 交 jiāo　［動］手渡す
3. 内容 nèiróng　［名］内容
4. 照片 zhàopiàn　［名］写真
5. 钥匙 yàoshi　［名］鍵
6. 服务台 fúwùtái　［名］フロント
7. 圣诞（节）Shèngdàn (jié)
　　　　　　　　　　［名］クリスマス
8. 藏 cáng　［動］隠す、隠れる
9. 衣柜 yīguì
　　　　［名］洋服ダンス、クローゼット
10. 上演 shàngyǎn　［動］上演する
11. 讲座 jiǎngzuò　［名］講座
12. 一半 yíbàn　［数］半分
13. 可惜 kěxī　［形］惜しい、残念である

14. 钱包 qiánbāo　［名］財布
15. 驾照 jiàzhào　［名］運転免許証
16. 老板 lǎobǎn　［名］経営者、社長
17. 贺年片 hèniánpiàn　［名］年賀状
18. 复印 fùyìn　［動］コピーする
19. 师傅 shīfu　［名］
　　　　師匠、運転手などに対する呼びかけ
20. 句子 jùzi　［名］文、センテンス
21. 包裹 bāoguǒ　［名］小包
22. 来得及 láidejí　［動］間に合う
23. 急事 jíshì　［名］急用
24. 花 huā　［動］（時間・金銭を）つかう、
　　　費やす
25. 治 zhì　［動］治す、治療する

身体

头	头发	耳朵	鼻子	嘴	肩
tóu	tóufa	ěrduo	bízi	zuǐ	jiān
頭	髪	耳	鼻	口	肩

背	腰	腿	脚	皮肤	心脏
bèi	yāo	tuǐ	jiǎo	pífū	xīnzàng
背中	腰	足	足	皮膚	心臓
		（くるぶしから上）	（くるぶしから下）		

第九课　在门口等着

入口で待っている

目標 客人を出迎える

（**张**＝张红 Zhāng Hóng，**小林**＝小林 Xiǎolín）

B25
B26

张：
Nǐ kàn, jiē wǒmen de rén zài nàr. Nà ge páizi shàng
你 看，接 我 们 的 人 在 那 儿。那 个 牌 子 上

xiězhe zánmen tuán de míngzi.
写 着 咱 们 团 的 名 字。

ーーーーーーーーーーーーーーーーーーーーーーーーーーーーーーーーー

小林：
Zhāng nǚshì, huānyíng, huānyíng. Lùshang xīnkǔ le.
张 女 士，欢 迎，欢 迎。路 上 辛 苦 了。

张：
Xiǎolín xiānsheng, nín hǎo! Xièxie nín, tèyì lái jiē wǒmen.
小 林 先 生，您 好！谢 谢 您，特 意 来 接 我 们。

小林：
Bié kèqi, zhè shì wǒmen yīnggāi zuò de. Jīntiān fēijī wǎn
别 客 气，这 是 我 们 应 该 做 的。今 天 飞 机 晚

diǎn le. Dàjiā lèi le ba?
点 了。大 家 累 了 吧？

张：
Shíjiān bú suàn tài cháng, fēijī shàng yě hěn shūfu,
时 间 不 算 太 长，飞 机 上 也 很 舒 服，

yìdiǎnr yě bú lèi.
一 点 儿 也 不 累。

小林：
Éi, nǐmen yìxíng bú shì wǔ wèi ma? Qítā liǎng wèi ne?
欸，你 们 一 行 不 是 五 位 吗？其 他 两 位 呢？

Tāmen zhèngzài bàn tōngguān shǒuxù ne.
张：他们 正在 办 通关 手续 呢。

Rén qí le ma? Wǒmen zǒu ba. Wǒmen de chē zài ménkǒu
小林：人 齐 了 吗？ 我们 走 吧。 我们 的 车 在 门口

děngzhe ne, cóng zhèr zǒu.
等着 呢，从 这儿 走。

Wèi shénme nàme duō rén zuò fútī xiàqù le……?
张：为 什 么 那 么 多 人 坐 扶 梯 下 去 了……?

Dìxià yǒu dào Dōngjīng de tèkuài diànchē. Zuò diànchē dehuà,
小林：地 下 有 到 东 京 的 特 快 电 车。坐 电 车 的 话，

xià chē hòu hái yào huàn yì liǎng cì chē, dàizhe dà xíngli huàn
下 车 后 还 要 换 一 两 次 车，带 着 大 行 李 换

chē bú tài fāngbiàn.
车 不 太 方 便。

Xièxie nín, kǎolǜde zhème zhōudào, gěi nín tiān máfan le.
张：谢 谢 您，考 虑 得 这 么 周 到，给 您 添 麻 烦 了。

Nǎli nǎli. Chē lái le, qǐng shàng chē ba.
小林：哪 里 哪 里。车 来 了，请 上 车 吧。

注 释

"哪里哪里"：「どういたしまして」という意味。

張

① ほら見て、出迎えの人があそこにいる。プラカードに自分たちの名前が書いてあるという

② 挨拶して、出迎えに感謝する

③ 時間はそう長くないし、飛行機も快適だったので少しも疲れていないという

④ ちょうど通関手続きをしているという

⑤ あんなに多くの人がエスカレーターで下りて行くのはなぜかとたずねる

⑥ そこまで考えてくれてありがとうと感謝し、お手数をおかけしたという

① 你看，接我们的人在那儿。那个牌子上写着咱们团的名字。

② 小林先生，您好！谢谢您，特意来接我们。

③ 时间不算太长，飞机上也很舒服，一点儿也不累。

④ 他们正在办通关手续呢。

⑤ 为什么那么多人坐扶梯下去了……？

⑥ 谢谢您，考虑得这么周到，给您添麻烦了。

小林

① ようこそと出迎え、お疲れ様ですという

② 当然のことだといい、今日は飛行機が遅れたので、みなさんお疲れでしょうという

③ 全員で五名ではないのですか。あとの二名は？とたずねる

④ 全員揃ったかを確認し、出発を促す。車が入口で待っているので、ここから行きましょうという

⑤ 地下には東京行きの特急電車がある。電車だと降りてから乗り換えもあるし、大きな荷物を持っての乗り換えは大変ですからという

⑥ とんでもない、車が来たから乗りましょうという

① 张女士，欢迎，欢迎。路上辛苦了。

② 别客气，这是我们应该做的。今天飞机晚点了。大家累了吧？

③ 欸，你们一行不是五位吗？其他两位呢？

④ 人齐了吗？我们走吧。我们的车在门口等着呢，从这儿走。

⑤ 地下有到东京的特快电车。坐电车的话，下车后还要换一两次车，带着大行李换车不太方便。

⑥ 哪里哪里。车来了，请上车吧。

机场风景

Jīchǎng dàtīng li fàngzhe yōuyǎ de yīnyuè. Zhènghǎo shì
机 场 大 厅 里 放 着 优 雅 的 音 乐。 正 好 是

Chūnjié, rén fēicháng duō. Yǒu de zuòzhe kàn shǒujī, yǒu de zhànzhe
春 节, 人 非 常 多。 有 的 坐 着 看 手 机, 有 的 站 着

tán huà, hái yǒu de jǔzhe páizi zài děng rén.
谈 话, 还 有 的 举 着 牌 子 在 等 人。

Kèren zuò de fēijī wǎn diǎn le, Xiǎolín děngle yí ge duō
客 人 坐 的 飞 机 晚 点 了, 小 林 等 了 一 个 多

xiǎoshí, dàibiǎotuán de rén cái chūlái.
小 时, 代 表 团 的 人 才 出 来。

Fānyì Xiǎo Zhāng gěi Xiǎolín jièshàole dàibiǎotuán de
翻 译 小 张 给 小 林 介 绍 了 代 表 团 的

chéngyuán, dàjiā duì Xiǎolín tèyì lái yíngjiē biǎoshì gǎnxiè,
成 员, 大 家 对 小 林 特 意 来 迎 接 表 示 感 谢,

Xiǎolín shuō zhè shì yīnggāi de, qǐng dàjiā búyào kèqi.
小 林 说 这 是 应 该 的, 请 大 家 不 要 客 气。

Xiǎolín dài kèren láidào tíng chē de dìfang, sījī xià chē
小 林 带 客 人 来 到 停 车 的 地 方, 司 机 下 车

bāng tāmen fànghǎo xíngli hòu, kāi chē qù zhùsù de fàndiàn.
帮 他 们 放 好 行 李 后, 开 车 去 住 宿 的 饭 店。

机场风景

机场大厅里放着优雅的音乐。正好是春节,人非常多。有的坐着看手机,有的站着谈话,还有的举着牌子在等人。

客人坐的飞机晚点了,小林等了一个多小时,代表团的人才出来。

翻译小张给小林介绍了代表团的成员,大家对小林特意来迎接表示感谢,小林说这是应该的,请大家不要客气。

小林带客人来到停车的地方,司机下车帮他们放好行李后,开车去住宿的饭店。

●本文に基づいて問答練習をしましょう。

1. 空港のロビーにはどんな音楽が流れていますか。

2. なぜ人がとても多いのですか。

3. ある人は座って何をしていますか。ある人は立って何をしていますか。

4. 小林さんはなぜ1時間余り待ったのですか。

5. 通訳の張さんは小林さんに誰を紹介しましたか。

6. みんなが小林さんに感謝した時、小林さんは何といいましたか。

7. 運転手は彼らに何をしてあげましたか。

8. 小林さんは客人を連れてどこに来ましたか。

Jīchǎng dàtīng li fàngzhe shénme yīnyuè?
1. 机 场 大 厅 里 放 着 什 么 音 乐？

Wèi shénme rén fēicháng duō?
2. 为 什 么 人 非 常 多？

Yǒu de rén zuòzhe zuò shénme? Yǒu de rén zhànzhe zuò shénme?
3. 有 的 人 坐 着 做 什 么？ 有 的 人 站 着 做 什 么？

Xiǎolín wèi shénme děngle yí ge duō xiǎoshí?
4. 小 林 为 什 么 等 了 一 个 多 小 时？

Fānyì Xiǎo Zhāng gěi Xiǎolín jièshàole shéi?
5. 翻 译 小 张 给 小 林 介 绍 了 谁？

Dàjiā duì Xiǎolín biǎoshì gǎnxiè de shíhou, Xiǎolín shuō shénme?
6. 大 家 对 小 林 表 示 感 谢 的 时 候，小 林 说 什 么？

Sījī bāng tāmen zuò shénme?
7. 司 机 帮 他 们 做 什 么？

Xiǎolín dài kèren láidào shénme dìfang?
8. 小 林 带 客 人 来 到 什 么 地 方？

1 "着"の使い方 ——1

動詞の後ろに"着"を置いて、「彼はメガネをかけている」のように、状態の持続を表す。

主語 ＋ 動詞 ＋ "着" ＋ 目的語
他 戴 着 眼镜。 Tā dàizhe yǎnjìng.

他房间的灯关着呢，他可能不在家。 Tā fángjiān de dēng guānzhe ne, tā kěnéng bú zài jiā.
我们的车在门口等着。 Wǒmen de chē zài ménkǒu děngzhe.

"没有"を用いて否定するが、実際に用いられる場面は限られる。

A：商店还开着吗？ Shāngdiàn hái kāizhe ma?
B：没（有）开着，已经关门了。 Méi (you) kāizhe, yǐjīng guān mén le.

疑問文は"～吗"の他に、"没（有）"を用いて反復疑問文を作ることもできる。

空调开着没有？ Kōngtiáo kāizhe méiyou?

2 "着"の使い方 ——2

2つ動詞がある場合、前の動詞に"着"をつけると、「荷物を持ったまま乗り換える」のように、その状態や方法で後ろの動作を行うことを表す。

主語 ＋ 動詞１ ＋ "着"（＋目的語）＋ 動詞２（＋目的語）
游客 带 着 行李 换 车。 Yóukè dàizhe xíngli huàn chē.

同学们笑着说："再见！" Tóngxuémen xiàozhe shuō: "zàijiàn!"
A：我们怎么去电影院？ Wǒmen zěnme qù diànyǐngyuàn?
B：电影院不远，我们走着去吧。 Diànyǐngyuàn bù yuǎn,wǒmen zǒuzhe qù ba.

3 助動詞 "应该"

「これは当然すべきことである」や「自分のことは自分でやるべきだ」のように「～するべき」という意味を表す。否定形は "不应该" を用いる。

肯定文：这是我应该做的。　　　Zhè shì wǒ yīnggāi zuò de.
　　　　自己的事应该自己做。　Zìjǐ de shì yīnggāi zìjǐ zuò.

否定文：不应该说这样的话。　　Bù yīnggāi shuō zhèyàng de huà.

疑問文：我应该怎么办？　　　　Wǒ yīnggāi zěnme bàn?

4 "一点儿" を用いた強調文

「少しも疲れない／疲れていない」「全く問題ない」というように「少しも～ない」「全く～ない」という場合に使う。

"一点儿" ＋ "也／都" ＋ "不／没(有)"

一点儿也不累。　　　　　　　　　Yìdiǎnr yě bú lèi.
我对酒一点儿也不感兴趣。　　　　Wǒ duì jiǔ yìdiǎnr yě bù gǎn xìngqù.
让他当翻译一点儿问题都没有。　　Ràng tā dāng fānyì yìdiǎnr wèntí dōu méiyǒu.

練習

1 下線部を入れ替えて練習しましょう。

B30 1) A: 牌子上 写着什么？　　Páizi shàng xiězhe shénme?

B: 牌子上 写着我们团的名字。　　Páizi shàng xiězhe wǒmen tuán de míngzi.

① 墙上 qiáng shàng 　　　貼 tiē 　　　地图 dìtú

② 桌子上 zhuōzi shàng 　　放 fàng 　　很多茶具 hěn duō chájù

③ 衣柜里 yīguì li 　　　挂 guà 　　　几件衣服 jǐ jiàn yīfu

B31 2) 躺着看书，对眼睛不好。　　Tǎngzhe kàn shū, duì yǎnjing bù hǎo.

① 走着吃东西，没有礼貌。　　Zǒuzhe chī dōngxi, méiyǒu lǐmào.

② 开着车打电话，很危险。　　Kāizhe chē dǎ diànhuà, hěn wēixiǎn.

③ 孩子哭着回来，出什么事了？　　Háizi kūzhe huílái, chū shénme shì le?

④ 看着电视做作业，能做好吗？　　Kànzhe diànshì zuò zuòyè, néng zuòhǎo ma?

2 「～ている」はどのように表現するか、注意して中国語に訳しましょう。

1) ドアが閉まっている。

2) 彼は着替えている。

3) 私は父に似ている。

4) 兄は中国へ出張に行っている。

5) 机にパソコンが置いてある。

6) 彼がどこにいるのか私は知っている。

7) 彼女はすでに来ている。

8) 姉は手紙を書いている。

3 適当な単語を選び、文を完成させましょう。

[对　　给　　特意　　正好　　或者　　还是　　从　　离]

1) A: 听说你九月要去中国留学。你去北京（　　　　）去上海？
   B: 只要能去，北京（　　　　）上海都可以。

2) （　　　　）车站不远有一个大公园，（　　　　）这儿走五分钟就能到。

3) 晚上来我家吃饭吧，我（　　　　）买到了新鲜的鱼。

4) 我在北京的时候，大家都（　　　　）我很热情，我很想（　　　　）大家表示感谢。

5) 听同事说，《中国山水画展》很好，我今天（　　　　）休息，（　　　　）去看了，真的不错。

6) 孩子有工作了，他每个月都（　　　　）妈妈买花和点心，（　　　　）妈妈很好。

7) 一起走吧，我也（　　　　）要去车站。

4 音声を聞き、質問に中国語で答えましょう。 B32

1) ① 他去干什么了？ _____

   ② 他为什么没有接到女朋友？ _____

2) "着" を用いて、質問に中国語で答えましょう。

   ① 妈妈让咪咪做什么？ _____

   ② 妈妈不让咪咪做什么？ _____

5 中国語に訳しましょう。

1) 日本には立ち食いができる店がたくさんあります。

2) 北京では歩いて 30 分は遠いとはいえない。

3) 自分のことは自分ですべきで、人に迷惑をかけるべきではない。

4) ギョーザを作るのは全然難しくないから、教えてあげるよ。

5) 小林さんはよくクライアントに航空チケットを取ってあげる。

6) 君は何回も行ったことがあるんじゃないの。

7) 学校のロビーには人がたくさんいて、本を読んでいる人や、インターネットをする人、同級生とおしゃべりしている人もいる。

B34 ● 会話単語 ●

1. 风景 fēngjǐng [名] 風景、景色
2. 机场 jīchǎng [名] 空港
3. 大厅 dàtīng [名] ロビー、ホール
4. 放 fàng [動] (音楽を)流す
5. 优雅 yōuyǎ [形] 優雅である
6. 站 zhàn [動] 立つ
7. 谈话 tán huà [動] 話をする、語しあう
8. 举起 jǔ [動] 持ち上げる、持ち上げる
9. 代表团 dàibiǎotuán [名] 代表団
10. 出来 chūlái [動] 出てくる

11. 张 Zhāng [名] 張
12. 成员 chéngyuán [名] メンバー
13. 迎接 yíngjiē [動] 出迎える、迎える
14. 表示 biǎoshì [動] 表す、示す
15. 感谢 gǎnxiè [動] 感謝する
16. 不要 búyào [副] ～するな
17. 停 tíng [動] 停める、止まる
18. 司机 sījī [名] 運転手
19. 住宿 zhùsù [動] 泊まる

B33 ● 本文単語 ●

1. 张红 Zhāng Hóng [名] 張紅
2. 着 zhe [動] ～ている、～である
3. 接 jiē [動] 出迎える、迎える
4. 牌子 páizi [名] プラカード
5. 团 tuán [名] 団体、旅団
6. 女士 nǚshì [名] ～さん (女性)
7. 特意 tèyì [副] わざわざ、特に
8. 别客气 bié kèqi 遠慮しないで
9. 应该 yīnggāi [助動] ～すべきだ
10. 晚点 wǎn diǎn [動] (予定時刻より)遅れる
11. 算 suàn [動] ～とみなす、～とする
12. 舒服 shūfu [形] 気持ちがよい、心地よい

13. 一行 yìxíng [名] 一行
14. 位 wèi [量] 人を数える (敬意を込める)
15. 其他 qítā [代] その他の
16. 开心 kāixīn [形] 楽しい
17. 扶梯 fútī [名] エスカレーター
18. 下去 xiàqù [動] 下りていく
19. 地下 dìxià [名] 地下
20. 愉快 yúkuài [形] 愉快の、楽しい
21. 行李 xíngli [名] 荷物
22. 考虑 kǎolǜ [動] 考える、考慮する
23. 添 tiān [動] 加える、付け加える
24. 麻烦 máfan [名・動] 面倒、面倒をかける

東語

1. 戴 dài ［動］かける、かぶる
2. 灯 dēng ［名］灯り
3. 关 guān ［動］切る、閉める、閉まる
4. 可能 kěnéng

       ［助動・副］〜かもしれない
5. 笑 xiào ［動］笑う
6. 电影院 diànyǐngyuàn ［名］映画館
7. 这样 zhèyàng ［代］このように
8. 当 dāng ［動］〜になる
9. 墙 qiáng ［名］壁
10. 贴 tiē ［動］貼る
11. 地图 dìtú ［名］地図

12. 挂 guà ［動］掛ける
13. 躺 tǎng ［動］横になる、寝そべる
14. 礼貌 lǐmào ［名・形］礼儀、礼儀正しい
15. 危险 wēixiǎn ［名・形］危険、危ない
16. 哭 kū ［動］泣く
17. 换 huàn ［動］替える、着替える
18. 像 xiàng ［動］似る、似ている
19. 热情 rèqíng ［形］親切である
20. 山水 shānshuǐ ［名］山水
21. 画展 huàzhǎn ［名］絵画展
22. 不错 búcuò ［形］よい、悪くない
23. 别人 biérén ［名］他の人

衣類

衬衫	外套	大衣	裤子	裙子
chènshān	wàitào	dàyī	kùzi	qúnzi
シャツ	ジャケット	コート	ズボン	スカート

睡衣	雨衣	旗袍	西服／西装	帽子
shuìyī	yǔyī	qípáo	xīfú／xīzhuāng	màozi
パジャマ	レインコート	チャイナドレス	スーツ	帽子

围巾	手套	领带	袜子	鞋
wéijīn	shǒutào	lǐngdài	wàzi	xié
スカーフ	手袋	ネクタイ	くつした	靴

第十课　龟兔赛跑

ウサギとカメ

目標　物語を読んで、聞いて、話す

Hěn jiǔ hěn jiǔ yǐqián, sēnlín li zhùzhe yì zhī wūguī hé
很 久 很 久 以 前，森 林 里 住 着 一 只 乌 龟 和

yì zhī tùzi. Yǒu yì tiān, tùzi zài lùshang yùjiànle zài sàn bù
一 只 兔 子。有 一 天，兔 子 在 路 上 遇 见 了 在 散 步

de wūguī, tā cháoxiào wūguī páde màn.
的 乌 龟，它 嘲 笑 乌 龟 爬 得 慢。

Wūguī huídá shuō, "suīrán nǐ pǎode kuài, dànshì rúguǒ
乌 龟 回 答 说，"虽 然 你 跑 得 快，但 是 如 果

wǒmen bǐsài dehuà, wǒ yídìng néng yíng". Tùzi shuō "nǐ zěnme
我 们 比 赛 的 话，我 一 定 能 赢。"兔 子 说 "你 怎 么

kěnéng bǐ wǒ pǎode kuài?" Tā tóngyì gēn wūguī bǐ yi bǐ, kàn
可 能 比 我 跑 得 快？"它 同 意 跟 乌 龟 比 一 比，看

shéi pǎode kuài.
谁 跑 得 快。

Bǐsài de nà tiān, tiānqì tèbié hǎo, bù lěng yě bú rè.
比 赛 的 那 天，天 气 特 别 好，不 冷 也 不 热。

Qǐdiǎn de dàshù pángbiān láile hěn duō kàn rènao de xiǎo
起 点 的 大 树 旁 边 来 了 很 多 看 热 闹 的 小

dòngwù, tāmen dōu zài wèi tùzi hé wūguī jiā yóu. Bǐsài kāishǐ
动 物，它 们 都 在 为 兔 子 和 乌 龟 加 油。比 赛 开 始

le, tùzi pǎode hěn kuài, yíxiàzi jiù bú jiàn le, wūguī zài
了，兔 子 跑 得 很 快，一 下 子 就 不 见 了，乌 龟 在

hòubiān yí bù yí bù mànmānr de wǎng qián pá.
后边 一步 一步 慢慢儿 地 往 前 爬。

Tùzi pǎole yíhuìr, huítóu kànlekàn, lián wūguī de
兔子 跑了 一会儿，回头 看了看，连 乌龟 的

yǐngzi dōu méiyǒu, tā juéde zìjǐ pǎode bǐ wūguī kuàide duō,
影子 都 没有，它 觉得 自己 跑得 比 乌龟 快得多，

yìdiǎnr yě búyòng zháojí, jiù tǎngzài shù xià, shuìle yí dà jiào.
一点儿 也 不 用 着 急，就 躺 在 树 下，睡 了 一 大 觉。

Tùzi xǐngle yǐhòu, jiēzhe wǎng qián pǎo. Dāng tā pǎodào
兔子 醒 了 以 后，接 着 往 前 跑。当 它 跑 到

zhōngdiǎn de shíhou, wūguī zǎojiù zài nàr děng tā le. Cáipàn
终点 的 时候，乌龟 早就 在 那儿 等 它 了。裁 判

duì tùzi shuō: "Wūguī dào zhōngdiǎn yǐjīng kuài yí ge xiǎoshí
对 兔子 说："乌龟 到 终点 已经 快 一 个 小 时

le, nǐ zěnme cái lái? Zhè chǎng bǐsài, nǐ shū le."
了，你 怎 么 才 来？这 场 比 赛，你 输 了。"

注釈

① "一步一步慢慢儿地往前爬。"：「一歩一歩ゆっくりと前に進む」という意味。動詞を修飾する時に "地" を用いる場合がある。

② "睡了一大觉"：「ぐっすり眠りこんだ」という意味。

③ "当它跑到终点的时候"：「ウサギがゴールに着いたその時」という意味。"当~的时候" で出来事の起きた時を表す。"当~时" ともいう。

龟兔赛跑

很久很久以前，森林里住着一只乌龟和一只兔子。有一天，兔子在路上遇见了在散步的乌龟，它嘲笑乌龟爬得慢。

乌龟回答说，"虽然你跑得快，但是如果我们比赛的话，我一定能赢。"兔子说"你怎么可能比我跑得快?"它同意跟乌龟比一比，看谁跑得快。

比赛的那天，天气特别好，不冷也不热。起点的大树旁边来了很多看热闹的小动物，它们都在为兔子和乌龟加油。比赛开始了，兔子跑得很快，一下子就不见了，乌龟在后边一步一步慢慢儿地往前爬。

兔子跑了一会儿，回头看了看，连乌龟的影子都没有，它觉得自己跑得比乌龟快得多，一点儿也不用着急，就躺在树下，睡了一大觉。

兔子醒了以后，接着往前跑。当它跑到终点的时候，乌龟早就在那儿等它了。裁判对兔子说："乌龟到终点已经快一个小时了，你怎么才来？这场比赛，你输了。"

●本文に基づいて問答練習をしましょう。

1. 森には何が住んでいますか。

2. ウサギは何に出会いましたか。

3. ウサギはカメの何をからかったのですか。

4. カメはどうこたえましたか。

5. ウサギはカメと競争することに同意しましたか。

6. 試合の日、天気はどうでしたか。

7. 動物たちはどこで応援しましたか。

8. ウサギはしばらく走ってから、カメを見かけましたか。

9. ウサギはなぜ少しもあわてる必要がないと思ったのですか。

10. ウサギがゴールに着いた時、カメは何をしていましたか。

11. 審判はウサギに何といいましたか。

Sēnlín li zhùzhe shénme?
1. 森 林 里 住 着 什 么？

Tùzi yùjiànle shénme?
2. 兔 子 遇 见 了 什 么？

Tùzi cháoxiào wūguī shénme?
3. 兔 子 嘲 笑 乌 龟 什 么？

Wūguī zěnme huídá?
4. 乌 龟 怎 么 回 答？

Tùzi tóngyì gēn wūguī bǐsài ma?
5. 兔 子 同 意 跟 乌 龟 比 赛 吗？

Bǐsài de nà tiān, tiānqì zěnmeyàng?
6. 比 赛 的 那 天， 天 气 怎 么 样？

Xiǎodòngwùmen zài nǎr wèi tāmen jiā yóu?
7. 小 动 物 们 在 哪 儿 为 它 们 加 油？

Tùzi pǎole yíhuìr, kànjiàn wūguī le ma?
8. 兔 子 跑 了 一 会 儿， 看 见 乌 龟 了 吗？

Tùzi wèi shénme juéde yìdiǎnr yě búyòng zháojí?
9. 兔 子 为 什 么 觉 得 一 点 儿 也 不 用 着 急？

Tùzi pǎodào zhōngdiǎn de shíhou, wūguī zài zuò shénme?
10. 兔 子 跑 到 终 点 的 时 候， 乌 龟 在 做 什 么？

Cáipàn duì tùzi shuō shénme?
11. 裁 判 对 兔 子 说 什 么？

比一比（相声）

比べっこ

Wǒmen jīntiān shuōshuo "gāo" ba.
甲：我 们 今 天 说 说 "高" 吧。

Hǎo a. Zánmen bǐ yi bǐ.
乙：好 啊。 咱 们 比 一 比。

Nǐ gèzi yǒu wǒ gāo ma?
甲：你 个 子 有 我 高 吗？

Nǐ bǐ wǒ gāo liǎng gōngfēn.
乙：你 比 我 高 两 公 分。

Wǒ tǐwēn yě bǐ nǐ gāo, wǒ sānshiqī dù, bǐ nǐ gāo yí dù.
甲：我 体 温 也 比 你 高，我 三 十 七 度，比 你 高 一 度。

Nǐ zhù èr lóu, wǒ zhù èrshí lóu, bǐ nǐ gāode duō.
乙：你 住 二 楼，我 住 二 十 楼，比 你 高 得 多。

Ràng wǒ xiǎngxiang……, wǒ hái yǒu bǐ nǐ gāo de, wǒ xuèyā bǐ
甲：让 我 想 想……， 我 还 有 比 你 高 的，我 血 压 比

nǐ gāo.
你 高。

Á?! Nǐ yào duō zhùyì shēntǐ a!
乙：啊?! 你 要 多 注 意 身 体 啊！

甲

① 今日は「高い」について話そうという

② 君は背が私くらいあるのかいと聞く

③ 私は体温も君より高い。私は37度。君より1度高いという

④ うーん…。私には君より高いものがまだある、血圧が君より高いぞという

① 我们今天说说"高"吧。

② 你个子有我高吗？

③ 我体温也比你高，我三十七度，比你高一度。

④ 让我想想……，我还有比你高的，我血压比你高。

乙

① いいよ。比べてみようという

② 君は私より2センチ高いねという

③ 君は2階に住んでいるけど、私は20階に住んでいる。君よりずっと高いという

④ はぁ?! 体には気をつけろよという

① 好啊。咱们比一比。

② 你比我高两公分。

③ 你住二楼，我住二十楼，比你高得多。

④ 啊?! 你要多注意身体啊！

1 存現文

場所＋動詞＋(存在／出現／消失する)人・モノ

1）存在：その場所にどのような状態で存在しているかを述べる。

森林里住着很多小动物。　　　Sēnlín li zhùzhe hěn duō xiǎo dòngwù.
桌子上放着一个花瓶。　　　　Zhuōzi shàng fàngzhe yí ge huāpíng.

2）出現：その場所に何が現れたかを述べる

大树旁边来了几只小兔子。　　Dàshù pángbiān láile jǐ zhī xiǎo tùzi.
公司里发生了一件大事。　　　Gōngsī li fāshēngle yí jiàn dàshì.

3）消失：その場所から何がなくなったかを述べる。

楼下搬走了一个外国人。　　　Lóuxià bānzǒule yí ge wàiguórén.
书架上少了一本词典。　　　　Shūjià shàng shǎole yì běn cídiǎn.

存現文の「人・モノ」は特定の人やモノではない。

　　× 前边来了王老师。
　　○ 前边来了一位老师。　　　Qiánbiān láile yí wèi lǎoshī.

2 比較を表す"有"

「A は B ぐらい～だ」

　　A　＋"有"＋　　B　(＋"这么／那么") ＋ 形容詞
他个子　　有　　我　　　　这么　　　　高。
　　　　　　　　　　　　　　　　Tā gèzi yǒu wǒ zhème gāo.
那个公园　有　　东京棒球场　那么　　　　大。
　　　　　　　　　　　　　　Nà ge gōngyuán yǒu Dōngjīng bàngqiúchǎng nàme dà.

3 AとBの比較 ―― 2

1）形容詞の後ろに「差」を表す語句を置いてAとBの比較を表す。その差が具体的な数量
　でない場合は、"一点儿"や"得多"を用いる。

　　　A ＋ "比" ＋ 　B ＋ 形容詞 ＋ 差

他	比	我	大	三岁。	Tā bǐ wǒ dà sān suì.
这个	比	那个	贵	一点儿。	Zhè ge bǐ nà ge guì yìdiǎnr.
打的	比	坐地铁	快	得多。	Dǎ dī bǐ zuò dìtiě kuài de duō.

2）どちらもある程度の水準に達していて、「AはBよりもっと〜」という場合は形容詞の前
　に副詞"更"を置く。

| 我 | 比 | 她 | 更 | 高。 | Wǒ bǐ tā gèng gāo. |

3）比較文で様態補語を使う場合は以下のようになる。

| 兔子 | | 跑得 | 比乌龟 | 快。 | Tùzi pǎode bǐ wūguī kuài. |
| 兔子 | 比乌龟 | 跑得 | | 快。 | Tùzi bǐ wūguī pǎode kuài. |

目的語がある場合は次のように表す。

| 爸爸做菜 | | 做得 | 比妈妈 | 好。 | Bàba zuò cài zuòde bǐ māma hǎo. |
| 爸爸做菜 | 比妈妈 | 做得 | | 好。 | Bàba zuò cài bǐ māma zuòde hǎo. |

＊一つ目の動詞"做"は省略することもできる。

「〜ほど…でない」を表すときは"没有"を用いる。

乌龟	跑得	没有	兔子		快。	Wūguī pǎode méiyou tùzi kuài.
乌龟		没有	兔子	跑得	快。	Wūguī méiyou tùzi pǎode kuài.
爸爸做菜		没有	妈妈	做得	好。	Bàba zuò cài méiyou māma zuòde hǎo.
爸爸		没有	妈妈	做菜做得	好。	Bàba méiyou māma zuò cài zuòde hǎo.

4 "如果／要是～的话"

「もし～ならば」という仮定の意味を表す。"如果""要是""～的话"は、それぞれ単独で用いても使える。

如果你太忙的话，我找别人吧。

Rúguǒ nǐ tài máng dehuà,wǒ zhǎo biérén ba.

要是有时间，我想请你帮我修一下电脑。

Yàoshi yǒu shíjiān, wǒ xiǎng qǐng nǐ bāng wǒ xiū yíxià diànnǎo.

这本书你没看过的话，你先看吧。

Zhè běn shū nǐ méi kànguo dehuà, nǐ xiān kàn ba.

5 "连～都／也…"

「～すら」「～さえ」と強調する時に用いる。

他今天很忙，连饭也没吃。

Tā jīntiān hěn máng, lián fàn yě méi chī.

这么简单的汉字，连小学生都认识。

Zhème jiǎndān de Hànzì, lián xiǎoxuéshēng dōu rènshi.

她刚到中国的时候，连"你好"都不会说。

Tā gāng dào Zhōngguó de shíhou, lián "Nǐ hǎo" dōu bú huì shuō.

1 下線部を入れ替えて練習しましょう。

B42 1) 如果天气好的话，我带你去兜风。　　Rúguǒ tiānqì hǎo dehuà, wǒ dài nǐ qù dōu fēng.

① 你想去 nǐ xiǎng qù　　　　　　我可以陪你去 wǒ kěyǐ péi nǐ qù

② 中午不下雨 zhōngwǔ bú xià yǔ　　我们去外边吃饭 wǒmen qù wàibiān chī fàn

③ 她来电话 tā lái diànhuà　　　　请让她下午来 qǐng ràng tā xiàwǔ lái

B43 2) 弟弟 比我 高五公分。　　　　　Dìdi bǐ wǒ gāo wǔ gōngfēn.

① 三月 sān yuè　　　四月 sì yuè　　　多一天 duō yì tiān

② 词典 cídiǎn　　　书 shū　　　　　厚一点儿 hòu yìdiǎnr

③ 现在的工作 xiànzài de gōngzuò

以前（的工作） yǐqián (de gōngzuò)

有意思得多 yǒu yìsi de duō

B44 3) 他 游泳 游得 比 我 快得多。　　Tā yóu yǒng yóude bǐ wǒ kuàide duō.

① 我邻居 wǒ línjū　　画漫画 huà mànhuà　　我 wǒ　　　　好 hǎo

② 他 tā　　　　考虑问题 kǎolù wèntí　　我们 wǒmen　　周到 zhōudào

③ 我们班 wǒmen bān　　唱歌 chàng gē　　　他们班 tāmen bān　　好听 hǎotīng

2 次の文を存現文に直しましょう。

1) 一些水果放在商店门口。　　　⇒

2) 很多衣服挂在衣柜里。　　　　⇒

3) 一些客人坐在客厅里。　　　　⇒

4) 很多外国游客来到我们景点。　⇒

3 "的"、"地"、"得"を用いて、文を完成させましょう

1) 图为小林安排（ ）借阅室，所以大家的工作（ ）很顺利。
2) 叶签（ ）太难理解啦儿（ ）老朋友的，爻（ ）燃条报看（ ）很高兴。
3) 老师认真（ ）检查了我的卷（ ）作业，说："你做（ ）真好。"

4 文を完成させましょう。

1) 当你迷路的时候，_____
2) 当你有问题的时候，_____
3) 当你着急的时候，_____

B45 5 音声を聞いて、正しい方に○をつけましょう。

1) ① 他是学生。　　　　　（ ）
　 ② 他们不认识他。　　　（ ）（ ）
2) ① 他们要多水果店。　　（ ）
　 ② 他们三个人一起去。　（ ）（ ）

B46 6 音声を聞いて、質問に答えましょう。

1) 他们在哪家喝什么了？
_____
2) 桌上有什么？
_____
3) 书架上放着什么？
_____

7 中国語に訳しましょう。

1) タンスからズボンが一枚なくなった。

2) 私たちの会社の社員は、彼らの会社より100人少ない。

3) もし時間があったら部屋を掃除して。

4) 妹は私ほどテニスが上手くない。

5) 郵便局の前にはたくさんの花が咲いていて、とてもきれいだ。

6) この傘はあの傘より1000円高い。

7) コンビニは1月1日でさえ開いている。

8) お母さん、隣の家に警察がたくさん来たよ。

9) 今回試合に出た人は前回より少し多かった。

10) 田中さんは私より泳ぐのがずっと速いです。

1. 久 jiǔ　[形] 長い、久しい

2. 森林 sēnlín　[名] 森林

3. 只 zhī　[量] ～匹、～羽、対になって
   いるものの一つ

4. 乌龟 wūguī　[名] カメ

5. 兔子 tùzi　[名] ウサギ

6. 遇见 yùjiàn　[動] (偶然に) 会う、出会う

7. 嘲笑 cháoxiào　[動] からかう、嘲笑する

8. 如果 rúguǒ　[接] もしも

9. 赢 yíng　[動] 勝つ

10. 可能 kěnéng　[形] 可能である、あり得る

11. 同意 tóngyì　[動] 同意する、賛成する

12. 比 bǐ　[動] 比べる、競う

13. 看 kàn　[動] 見て判断する、観察する

14. 起点 qǐdiǎn　[名] スタートライン、出発点

15. 树 shù　[名] 木、樹木

16. 热闹 rènao
    [名・形] にぎわい、にぎやかである

17. 为 wèi　[介] ～のために

18. 加油 jiā yóu　[動] 頑張る、努力する、
    応援などでいう「がんばれ」

19. 一下子 yíxiàzi
    [副] あっという間に、急に

20. 步 bù　[量・名] ～歩、歩み、ステップ

21. 地 de　[助] 動作の様子を説明する語句
    の後ろに置いて動詞や形容詞を修飾
    する

22. 往 wǎng　[介] ～の方へ、～に向けて

23. 回头 huí tóu　[動] 振り返る

24. 连～都/也… lián~dōu/yě…
    ～すら、～さえ

25. 影子 yǐngzi　[名] 影、姿

26. ～得多 ~de duō　(…より) ずっと～

27. 醒 xǐng　[動] 目覚める

28. 接着 jiēzhe　[副] 引き続き、続けて

29. 当～的时候 dāng~de shíhou　～した時

30. 终点 zhōngdiǎn　[名] ゴール、終点

31. 早就 zǎojiù　[副] 早くから、とっくに

32. 裁判 cáipàn　[名] 審判員

33. 场 chǎng　[量] ～回 (試合や公演など
    の回数)

34. 输 shū　[動] 負ける

●━━━━━━━━━━━━━《比一比》単語 ●━━━━━━

1. 甲 jiǎ　［名］甲
2. 乙 yǐ　［名］乙
3. 相声 xiàngsheng　［名］漫才
4. 个子 gèzi　［名］背丈
5. 公分 gōngfēn　［量］センチメートル

6. 体温 tǐwēn　［名］体温
7. 度 dù　［量］〜度
8. 楼 lóu　［名］階
9. 血压 xuèyā　［名］血圧

●━━━━━━━ 学習ポイント・練習単語 ●━━━━━━━

1. 花瓶 huāpíng　［名］花瓶
2. 发生 fāshēng　［動］起こる、発生する
3. 大事 dàshì　［名］大事件、大問題
4. 搬 bān　［動］引っ越す、運ぶ
5. 书架 shūjià　［名］本棚
6. 少 shǎo　［動］減る、少なくなる
7. 更 gèng　［副］さらに、もっと
8. 简单 jiǎndān　［形］簡単である

9. 汉字 Hànzì　［名］漢字
10. 小学生 xiǎoxuéshēng　［名］小学生
11. 下雨 xià yǔ　［動］雨が降る
12. 厚 hòu　［形］厚い
13. 可爱 kě'ài　［形］かわいい
14. 裤子 kùzi　［名］ズボン
15. 警察 jǐngchá　［名］警官

動物

猪	牛	羊	马	鸡	狗
zhū	niú	yáng	mǎ	jī	gǒu
ブタ	ウシ	ヒツジ	ウマ	ニワトリ	イヌ

老虎	狮子	大象	猴子	熊猫	企鹅
lǎohǔ	shīzi	dàxiàng	hóuzi	xióngmāo	qǐ'é
トラ	ライオン	ゾウ	サル	パンダ	ペンギン

第六課〜第十課　まとめ

1　比較の表現

1）ＡとＢの比較表現 　　　　　　　　　　　　　　　　　　　　『新・学漢語1』第10、13課

"比"、"没有"、"有"、"和／跟〜一様" を用いて Ａ と Ｂ を比べる表現。

① Ａ＞Ｂ　　Ａ は Ｂ より〜だ
　　　　　　　　Ａ＋"比"＋Ｂ＋形容詞

② Ａ＜Ｂ　　Ａ は Ｂ ほど〜ない
　　　　　　　　Ａ＋"没有"＋Ｂ＋形容詞

③ Ａ≒Ｂ　　Ａ は Ｂ ぐらい〜だ
　　　　　　　　Ａ＋"有"＋Ｂ＋形容詞
　　　　　　　　Ａ＋"和／跟"＋Ｂ＋"一様"＋形容詞

④ Ａ＝Ｂ　　Ａ は Ｂ と同じだ
　　　　　　　　Ａ＋"和／跟"＋Ｂ＋"一様"

2）「差」の言い方 　　　　　　　　　　　　　　　　　　　　　　『新・学漢語2』第10課

Ａ＋"比"＋Ｂ＋形容詞＋数量（差）

差が具体的な数量でない場合には、"一点儿" や "得多"、また "更" 等を用いて表す。

3）「動作の程度」を比較する場合 　　　　　　　　　　　　　　　『新・学漢語2』第10課

・様態補語を用いる。

　　　Ａ＋"比"＋Ｂ＋動詞＋"得"　　　　　＋　　　　形容詞（＋差）
　　　Ａ　　　＋　　　　動詞＋"得"＋"比"＋Ｂ＋形容詞（＋差）

・「Ａ は Ｂ ほど〜でない」は "没有" を用いる。

・「Ａ は Ｂ と同じ（くらい）〜だ」は "和／跟〜一様" を用いる。

●中国語に訳しましょう。

1. 彼の趣味は私ほど多くない。
   ⇒

2. 富士山と泰山は同じくらい高いですか。
   ⇒

3. 李君は私より２歳年下だ。
   ⇒

4. 今回の宿題は先週より少し難しい。
   ⇒

5. 彼は中国人と同じくらい中国語が上手だ。
   ⇒

6. 母は誰よりも起きるのが早い。
   ⇒

7. 私たちのクラスの留学生は彼らのクラスより５人多い。（クラス：班 bān）
   ⇒

8. 野球観戦が好きな人は卓球を見るのが好きな人よりずっと多い。
   ⇒

9. 妹は私ほど歌が上手くない。
   ⇒

10. 彼は 5000 メートル走るのが私より２分速い。
    ⇒

11. 弟はもう私くらいの背丈になった。
    ⇒

12. 彼は誰よりも遅く来て早く帰る。
    ⇒

2 色々な文型

1) 連動文 『新・学漢語1』第6課

主語 ＋ 動詞₁ ＋ 目的語₁ ＋ 動詞₂ ＋ 目的語₂

★動作が行われる順に動詞を並べる

2) 存在文 『新・学漢語1』第11課

人・モノ ＋"在"＋ 場所

場所 ＋"有"＋ 人・モノ

★「場所」の位置に注意

3)"是~的"構文 『新・学漢語1』第14課

"是"＋ 時間／場所／方法など ＋ 動詞 ＋"的"

★すでに起こったことに用いる

4) 使役文 『新・学漢語2』第2課

主語 ＋"让／叫／请"＋ 人 ＋ 動詞 ＋ 目的語

★「誰がさせる」のかがポイント

5) 強調を表す文

① 疑問詞 ＋"都／也" 『新・学漢語2』第6課

②"一点儿"＋"也／都"＋"不／没（有）"~ 『新・学漢語2』第9課

③"连~都／也"を用いた文 『新・学漢語2』第10課

★日本語に語順が似ている

6) 存現文 『新・学漢語2』第10課

場所 ＋ 動詞 ＋（存在／出現／消失する）人・モノ

★場所が主語になる

●中国語に訳しましょう。

1. 兄は毎日自転車で駅まで行きます。
   ⇒

2. 契約は３日ではなく、５日にしたのです。
   ⇒

3. 私たちは北京について全然詳しくない。
   ⇒

4. 彼は北京に行って３日間会議に参加した。
   ⇒

5. 母は僕一人で旅行に行かせたくない。
   ⇒

6. その中華レストランは２階にあります。
   ⇒

7. 東京はどこにでもコンビニエンスストアがある。
   ⇒

8. 家の近所には郵便局がありません。
   ⇒

9. あなたは新幹線で来たのですか。
   ⇒

10. テーブルに買ってきたばかりの果物がいくつか置いてある。
    ⇒

11. 同僚が上海で買うように言ったのです。
    ⇒

12. 私たちは何度か話したことがあるが、彼の苗字さえ知らない。
    ⇒

● 練習 ●━━━━━━━━━━━━━━━━━━━━━━━━━━━━━━━

① 日本語の意味になるように並べ替えましょう。

(1) 電車に忘れた携帯電話がまだ見つからない。
找到／在／的／忘／手机／没／电车里／还
⇒

(2) 新しく来た同僚は仕事に熱心だ。
新来的／很／工作／同事／对／认真
⇒

(3) 明朝6時に出発なので、私たちは早めに寝ないといけない。
出发／六点／我们／睡／早上／早点儿／明天／得
⇒

(4) 3ページまで読んだだけでもう読みたくなくなった。
看／第三页／刚／就／想／了／看到／不
⇒
　　　　　　　　　　　　　　　　　　　　　　　（ページ：页 yè）

(5) 暖かくなってきたから、もうすぐ花見の季節になる。
天气／樱花／快／看／的／到／了／了／暖和／季节
⇒

② "虽然～但是""因为～所以""只要～就"から適当なものを選び、文を完成させて訳しましょう。

(1) （　　　　）她只学了一年汉语，（　　　　　）已经能跟中国人聊天儿了。

(2) （　　　　）他起得很晚，（　　　　）没吃完早饭就出门了。

(3) （　　　　）你一直往前走，（　　　　）能找到地铁站。

(4) （　　　　）他今天有点儿不舒服，（　　　　）没去上班。

(5) （　　　）她学了三年日语，（　　　）说得很流利。

(6) （　　　）买三个，（　　　）能便宜二十块。

❸ "的""得""地""了""着""过" から適当なものを選び、文を完成させましょう。

(1) 昨天他拿（　　　）花去女朋友家（　　　）。

(2) 上星期买（　　　）那本小说（　　　）翻译我认识，她翻译（　　　）好极了。

(3) 如果你认真（　　　）练习，就能说（　　　）更流利。

(4) 没吃（　　　）四川菜（　　　）人都不知道四川菜辣（　　　）要命。

❹ 音声を聞き、質問に答えましょう。

(1) 内容に合っているものに〇、合っていないものに×をつけましょう。【B51】

① 刘力想跟同事去爬山。　　　　　　　　（　　　）

② 他们说好星期五出发。　　　　　　　　（　　　）

③ 先到新宿站吃了东西，然后坐车去富士山。（　　　）

④ 泰山比富士山高。　　　　　　　　　　（　　　）

(2) 質問を聞いて答えましょう。【B52】

①

②

③

④

こんな時どういうの？

第一課

1. 何を書いているかたずねる □
2. 出張の報告を書いているところだとこたえ、来週クライアントが東京へ契約に来るという □
3. おめでとうという □
4. お礼をいう。中国語は上手ではないので、ちょっと通訳してもらえないかと頼む □
5. 大丈夫だから安心してという □
6. クライアントを蔵王へスキーに連れて行きたいと伝える □
7. 段取りがいいねという □
8. スキーはあまり上手くないので、一緒に行ってもらえるかとたずねる □
9. 了承して、今ちょうどスキーのシーズンだから自分も行きたいという □
10. 約束したからねという □
11. 蔵王の温泉も有名だという □
12. 温泉に入ったり日本料理を食べたりしたら、クライアントはきっと喜ぶでしょうねという □

第二課

13. お父さんは毎日起きるのが早いか聞く □
14. お父さんは健太をどこに送るかたずねる □
15. 出かける時、お母さんはお父さんに何をさせるか聞く □
16. ミミはなぜ健太と一緒に学校に行きたいのか聞く □
17. お母さんは今日なぜ晩ご飯を作れないのかたずねる □
18. なぜ健太はミミに料理を手伝わせるのか聞く □
19. お母さんが帰ってきた時、健太は何をしていたか聞く □
20. お母さんは健太に何をするようにいったかたずねる □
21. お母さんはミミに何をするようにいったか聞く □
22. ミミはなぜ寝たくないのかたずねる □

第三課

23. 先に帰るので、また明日という □
24. また明日。出張の報告が書き終わっていないからもう少し残るという □
25. お疲れ様、体に気をつけてという □

26. しかたがない、書くのが遅いからだという □

27. そういえば、日本のクライアントはもう帰ったのかとたずねる □

28. まだ帰っていない、彼らは来週2日間工場を見学する予定になっているという □

29. 彼らは中国語が話せるかとたずねる □

30. 少し話せる、来る前に10か月中国語を勉強したという □

31. 彼らは帰国前、他にどんな予定があるのかたずねる □

32. 彼らは蘇州、杭州を見に行くことになっているという。彼らに付き添って行けるかとたずねる □

33. 安心して、もう1年日本語を勉強しているからという □

34. それではよろしくという □

第四課

35. 小林さんはいつ北京へ出張に来たのか聞く □

36. 彼は今朝早く起きたか聞く □

37. 取引先の工場へ行く途中、何を食べたか聞く □

38. それは彼が買ったのかたずねる □

39. "煎餅" とは何かたずねる □

40. 工場に着いてから、何をしたか聞く □

41. 仕事が終わってからすぐホテルに戻ったか聞く □

42. 彼はなぜ10時にやっとホテルに戻ったのかたずねる □

43. ホテルに戻ってから誰に電話をしたか聞く □

44. 彼は妻に何を伝えたか聞く □

第五課

45. 日光に行ったことがあるか聞く □

46. 何度も行ったことがあるとこたえ、相手にもたずねる □

47. まだ行ったことがないとこたえる □

48. 今はちょうどいい時期で、カエデの葉も色づき紅葉の見ごろになったという □

49. そこにはたくさん観光スポットがあるそうだが、一日で時間は足りるか聞く □

50. 一泊してゆっくりするといいよという □

51. 日光に詳しいのでしょうという □

52. 大学時代にはそこへドライブに行ったことがあるが、卒業して10年になるので最近ではめったに行かないという □

53. 日本に来て一年あまり経つが、仕事が忙しくて行って見る時間がないという ☐

54. 今週末ちょうど時間があるから、車で連れて行くという ☐

55. 本当と喜び、残業はやめるという ☐

56. 気分転換しようという ☐

* *

57. 帰国前に友達と奈良を見に行くという ☐

58. 日本の伝統文化を体験してみたいので、日本式の旅館を予約したという ☐

59. その旅館はちょうど東大寺の隣にあるという ☐

60. 奈良の秋は、清々しく、青空と真っ赤な紅葉がまるで一枚の絵のようだという ☐

第六課

61. 日本のクライアントの日程は組んだかとたずねる ☐

62. まだだとこたえて、彼らは月末には来るんじゃないかという ☐

63. もうすぐ春節だから、いろんな所が休みになるという ☐

64. わかった、すぐに手配するといい、気づかせてくれてありがとうという ☐

65. 春節期間は切符やホテルなど何もかも混み合うので、早くネットで調べるようにという ☐

66. あなたはよくクライアントを接待しているし、ネット予約にも慣れているから代わりに予約してほしいとお願いする ☐

67. 承諾して、でも北京ダックをおごってくれないと、という
高速鉄道のチケットは入手しにくいので、飛行機でいいかとたずねる ☐

68. いいよ、飛行機は高速鉄道よりも速いしという ☐

69. では飛行機のチケットを予約して、飛行機に乗ろうという ☐

70. 礼をいい、北京ダックは今日食べに行こうという ☐

第七課

71. 劉力さんと妻はリビングで何を話しているかたずねる ☐

72. 彼らの子供はいくつかたずねる ☐

73. 劉力さんと妻はなぜ両親に日本へ来てもらいたいのか聞く ☐

74. 親族訪問ビザと観光ビザはどちらの手続きが複雑か聞く ☐

75. 劉力さんの両親のビザは手続きをしてどのくらい経つかたずねる ☐

76. 劉力さんの子供はなぜ幼稚園に入れないのか聞く ☐

77. "老漂族"はどういう意味かたずねる ☐

78. 劉力さんはなぜ両親に３月中旬に日本へ来てもらいたいのか聞く ☐

79.	電車の事故があって遅れたことを謝り、長い時間待っただろうという	☐
80.	そんなに待っていない。今日は顔色があまりよくないが、よく休めなかったのかとたずねる	☐
81.	家のエアコンが壊れたので、暑くてたまらず、ここ数日よく眠れていないという	☐
82.	昨日のワールドカップの決勝が面白かったので、私も夜中の2時まで見てやっと寝たという	☐
83.	早く行こう、レストランも予約してあるからという	☐
84.	申し訳ない、あなたは転職したばかりで仕事もますます忙しいのに、私の誕生日を祝ってくれるなんてという	☐
85.	目を閉じて…あれ?!　誕生日プレゼントを家に忘れてきてしまったという	☐
86.	私と同じであなたも「うっかり者」だねという	☐
87.	謝り、来週あなたに郵送するか家に届けようという	☐
88.	そう急がないでいいよ、一緒に食事ができるだけでうれしいからという。何時になった?　携帯を家に忘れてきてしまったという	☐
89.	私の携帯も壊れたので、昨日電器屋に修理に持って行ったばかりだという	☐
90.	まったく踏んだり蹴ったりだね、やっぱり今日は私がご馳走するという	☐
91.	そうはいかない、それではメンツが立たないという	☐
92.	では「仰せの通りにいたします」という	☐

93.	ほら見て、出迎えの人があそこにいる。プラカードに自分たちの名前が書いてあるという	☐
94.	ようこそと出迎え、お疲れ様ですという	☐
95.	挨拶して、出迎えに感謝する	☐
96.	当然のことだといい、今日は飛行機が遅れたので、みなさんお疲れでしょうという	☐
97.	時間はそう長くないし、飛行機も快適だったので少しも疲れていないという	☐
98.	全員で五名ではないのですか。あとの二名は?　とたずねる	☐
99.	ちょうど通関手続きをしているという	☐
100.	全員揃ったかを確認し、出発を促す。車が入口で待っているので、ここから行きましょうという	☐
101.	あんなに多くの人がエスカレーターで下りて行くのはなぜかとたずねる	☐

102.	地下には東京行きの特急電車がある。電車だと降りてから乗り換えもあるし、大きな荷物を持っての乗り換えは大変ですからという	☐
103.	そこまで考えてくれてありがとうと感謝し、お手数をおかけしたという	☐
104.	とんでもない、車が来たから乗りましょうという	☐

＊＊＊＊＊＊＊＊＊＊＊＊＊＊＊＊＊＊＊＊

105.	空港のロビーには優雅な音楽が流れているという	☐
106.	ちょうど春節なので人が多く、座って携帯を見ている人や立って話している人がいるという	☐
107.	札を掲げて人待ちしている人もいるという	☐
108.	飛行機が遅れたため、1時間余り待って、客人がやっと出てきたという	☐
109.	代表団のメンバーをみんなに紹介したという	☐
110.	わざわざ迎えに来てくれたことに感謝する	☐
111.	当然のことですから、遠慮しないでくださいという	☐

第十課

112.	森には何が住んでいるか聞く	☐
113.	ウサギは何に出会ったかたずねる	☐
114.	ウサギはカメの何をからかったのか聞く	☐
115.	カメはどうこたえたか聞く	☐
116.	ウサギはカメと競争することに同意したかたずねる	☐
117.	試合の日、天気はどうだったか聞く	☐
118.	動物たちはどこで応援したかたずねる	☐
119.	ウサギはしばらく走ってから、カメを見かけたかたずねる	☐
120.	ウサギはなぜ少しもあわてる必要がないと思ったのか聞く	☐
121.	ウサギがゴールに着いた時、カメは何をしていたか聞く	☐
122.	審判はウサギに何といったかたずねる	☐

＊＊＊＊＊＊＊＊＊＊＊＊＊＊＊＊＊＊＊＊

123.	今日は「高い」について話そうという	☐
124.	いいよ。比べてみようという	☐
125.	君は背が私くらいあるのかいと聞く	☐
126.	君は私より2センチ高いねという	☐
127.	私は体温も君より高い。私は37度。君より1度高いという	☐
128.	君は2階に住んでいるけど、私は20階に住んでいる。君よりずっと高いという	☐
129.	うーん…。私には君より高いものがまだある、血圧が君より高いぞという	☐
130.	はぁ⁉　体には気をつけろよという	☐

文章記号（标点符号 biāodiǎn fúhào）

问号 wènhào
疑問を表す

逗号 dòuhào
文の切れ目を表す

你知道吗？东京有趣的地方，除了浅草寺、东京塔、秋

破折号 pòzhéhào
文に説明を加える

顿号 dùnhào
並列を表す

叶原，还有神保町——一个到处都是书店的地方。要买新书，

分号 fēnhào
並列する文と文の間に使う

句号 jùhào
文の終わりにつける

可以去那里；想买旧书，更应该去那里了，因为那里有一百多

感叹号 gǎntànhào
感嘆の気持ちを表す

双引号 shuāngyǐnhào
引用文や強調する部分につける

家旧书店！每年十月—十一月，还有盛大的"旧书节"。

括号 kuòhào
説明や注釈などをくくる

《新华词典》、《红楼梦》、《我是猫》（中文版）……，

书名号 shūmínghào
書名や映画のタイトルなどに使う

省略号 shěnglüèhào
省略を表す

这些都是我在神保町买的书，有二十多本呢。

我常常对来东京旅游的朋友说："应该去神保町看看，那

冒号 màohào
引用文や説明文の前につける

里很特别。"

中国には「春節」や「元宵節」のような伝統的な祝祭日があります。
この他にもいくつか国が定めた祝祭日があります。

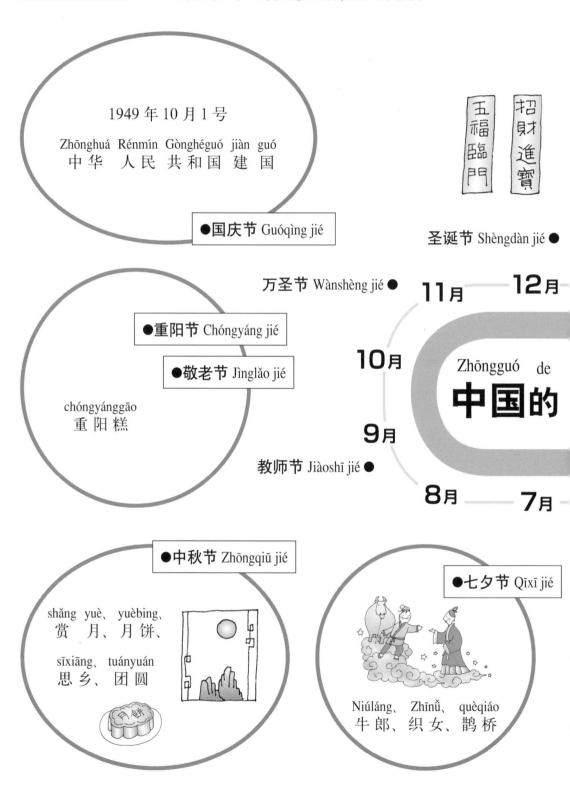

1949 年 10 月 1 号

Zhōnghuá Rénmín Gònghéguó jiàn guó
中华 人民 共和国 建国

●国庆节 Guóqìng jié

招財進寶
五福臨門

圣诞节 Shèngdàn jié ●

万圣节 Wànshèng jié ●

11月　12月

●重阳节 Chóngyáng jié

●敬老节 Jìnglǎo jié

10月

Zhōngguó　de

中国的

chóngyánggāo
重阳糕

9月

教师节 Jiàoshī jié ●

8月　7月

●中秋节 Zhōngqiū jié

●七夕节 Qīxī jié

shǎng yuè、yuèbing、
赏 月、月饼、

sīxiāng、tuányuán
思乡、团圆

Niúláng、Zhīnǚ、quèqiáo
牛郎、织女、鹊桥

●春节 Chūnjié

tiē niánhuà、tiē duìlián、fàng biānpào、
贴 年 画、贴 对 联、放 鞭 炮、

bàinián、xiě hèniánpiàn、fā yāsuìqián
拜 年、写 贺 年 片、发 压 岁 钱

●元旦 Yuándàn

1月　2月

jiérì

节日

3月

4月

6月　5月

●情人节 Qíngrén jié

●妇女节 Fùnǚ jié

●劳动节 Láodòng jié

●青年节 Qīngnián jié

●儿童节 Értóng jié

●元宵节 Yuánxiāo jié

●灯节 Dēng jié

chī yuánxiāo、cāi dēngmí
吃 元 宵、猜 灯 谜

●清明节 Qīngmíng jié

sǎo mù、jì zǔ、tà qīng
扫 墓、祭 祖、踏 青

●端午节 Duānwǔ jié

Qū Yuán、huá lóngchuán、chī zòngzi
屈 原、划 龙 船、吃 粽 子

部首

中国語の"偏旁"は次のようになっています。

漢字の左か右は"〜旁"、上にあれば"〜头"、囲んでいれば"〜框"、下にあれば"〜底"といいます。

● "〜旁"

dānrénpáng
単人旁
（にんべん）

他

yánzìpáng
言字旁
（ごんべん）

语

tíshǒupáng
提手旁
（てへん）

提

mùzìpáng
木字旁
（きへん）

林

jiǎosīpáng
绞丝旁
（いとへん）

经

lìdāopáng
立刀旁
（りっとう）

别

● "〜字头"

cǎozìtóu
草字头
（くさかんむり）

花

zhúzìtóu
竹字头
（たけかんむり）

笔

bìngzìtóu
病字头
（やまいだれ）

症

bǎogàitóu
宝盖头
（うかんむり）

宝

● "〜字框"

guózìkuàng
国字框
（くにがまえ）

● "〜字底"

mǐnzìdǐ
皿字底
（さら）

単語一覧

※数字は「本文単語、短文単語」で初出の課、°は「学習ポイント・練習単語、問答練習単語」で初出の課、*は「補充単語」で初出の課を表す。

A

à	啊	（助）	ところで、そういえば	3
āiyā	哎呀	（感）	あれまあ	8
ānpái	安排	（動・名）	手配する、計画する、予定	1
ānquándài	安全带	（名）	シートベルト	6
ānzhuāng	安装	（動）	インストールする	*3

B

bái	白	（形）	白い	*7
báijiǔ	白酒	（名）	蒸留酒の総称	°2
bàituō	拜托	（動）	お願いする、依頼する	3
bān	班	（名）	クラス	*1
bān	搬	（動）	引っ越す、運ぶ	°10
bānzhǔrèn	班主任	（名）	クラス担任	*1
bàn	拌	（動）	和える	*5
bàn	办	（動）	する、処理する	7
bànfǎ	办法	（名）	方法、やり方	3
bàntiān	半天	（数）	半日、長い時間	°3
bāng	帮	（動）	助ける、手伝う	1
bāoguǒ	包裹	（名）	小包	°8
bàogào	报告	（名）	報告、レポート	1
bàoqiàn	抱歉	（形）	申し訳なく思う	8
bèi	背	（名）	背中	*8
bèifèn	备份	（名・動）	バックアップ	*3
bízi	鼻子	（名）	鼻	*8
bǐ	比	（動）	比べる、競う	10
bǐjiào	比较	（副）	比較的、わりと	4
bǐsài	比赛	（名・動）	試合（する）	°3
bìshang	闭上	（動）	閉じる	8
bì yè	毕业	（動）	卒業する	5
biǎoshì	表示	（動）	表す、示す	9
bié kèqi	别客气		遠慮しないで	9
biérén	别人	（名）	他の人	°9
bīnguǎn	宾馆	（名）	ホテル	6

búcuò	不错	（形）	よい、悪くない	○9
búguò	不过	（接）	ただし、でも	6
búyào	不要	（副）	～するな	9
búyòng	不用	（副）	～する必要がない、～するに及ばない	○4
bù	步	（量・名）	～歩、歩み、ステップ	10
bù hǎoyìsi	不好意思		申し訳ない、恥ずかしい	8
bùzhǎng	部长	（名）	部長	○1

C

cái	才	（副）	やっと	4
cáipàn	裁判	（名）	審判員	10
cānguān	参观	（動）	見学する	3
cānjiā	参加	（動）	参加する、出席する	○2
cáng	藏	（動）	隠す、隠れる	○8
chǎng	场	（量）	～回（試合や公演などの回数）	10
cháoxiào	嘲笑	（動）	からかう、嘲笑する	10
chǎo	炒	（動）	炒める	*5
chēpiào	车票	（名）	（電車、バスの）切符	6
Chén Zǐháo	陈子豪	（名）	陳子豪	3
chènshān	衬衫	（名）	シャツ	*9
chéngjì	成绩	（名）	成績	*1
chéngyuán	成员	（名）	メンバー	9
chī jīng	吃惊	（動）	驚く	*4
chū	出	（動）	発生する、起こる	8
chūfā	出发	（動）	出発する	○6
chū guó	出国	（動）	出国する	○4
chūlái	出来	（動）	出てくる	9
chūqù	出去	（動）	出かける、出ていく	○4
chuántǒng	传统	（名）	伝統	5
Chūnjié	春节	（名）	春節	6
chūntiān	春天	（名）	春	○5
chūnyùn	春运	（名）	春節時の帰省特別輸送期間	6
cí	词	（名）	語句、言葉	4
cuò	错	（動）	間違える	○7

D

dǎ diǎndī	打点滴	（動）	点滴をする	*2
dǎ gōng	打工	（動）	アルバイトをする	○4
dǎsǎo	打扫	（動）	掃除する	○2
dǎsuàn	打算	（動・名）	～するつもり、予定	○3
dǎ yìmiáo	打疫苗	（動）	ワクチンを打つ	*2

dǎ zhēn	打针	（動）	注射を打つ	*2
dàlóu	大楼	（名）	ビル	○7
dàshì	大事	（名）	大事件、大問題	○10
dàtīng	大厅	（名）	ロビー、ホール	9
dàxiàng	大象	（名）	ゾウ	*10
dàxuéshēng	大学生	（名）	大学生	○5
dàyī	大衣	（名）	コート	*9
dāi	待	（動）	とどまる	3
dài	戴	（動）	かける、かぶる	○9
dàibiǎotuán	代表团	（名）	代表団	9
dāng	当	（動）	～になる	○9
dāng~de shíhou	当~的时候		～した時	10
de	得	（助）	様態補語を導く	1
de	地	（助）	動作の様子を説明する語句の後ろに置いて動詞や形容詞を修飾する	10
~de duō	～得多		(…より) ずっと～	10
děi	得	（助動）	～しなければならない	6
dēng	灯	（名）	灯り	○9
dēngjīkǒu	登机口	（名）	搭乗口	*6
dēngjīpái	登机牌	（名）	搭乗券	*6
dēnglù	登录	（動）	ログインする	*3
děngdài	等待	（動）	待つ	6
dìtú	地图	（名）	地図	○9
dìxià	地下	（名）	地下	9
dì yī cì	第一次		初めて	○6
diǎnjī	点击	（動）	クリックする	*3
diànqìdiàn	电器店	（名）	電器店	8
diànshì	电视	（名）	テレビ	○1
diànyǐngyuàn	电影院	（名）	映画館	○9
dìng	订	（動）	予約する、注文する	6
Dōngdàsì	东大寺	（名）	東大寺	5
dǒng	懂	（動）	わかる	○7
dòng shǒushù	动手术	（動）	手術をする	*2
dōu fēng	兜风	（動）	ドライブする	5
dú	读	（動）	読む	○7
dù	度	（量）	～度	10
duànliàn	锻炼	（動）	トレーニングする、鍛える	○3
duì	对	（介）	～について	5
duì	对	（動）	同意を表す	5

duìle	对了	（動）	そうだ（何かを思い出した時、話題を切り替える時）	3
duō	多	（数）	（数詞や量詞の後ろにつけて）〜余り	○3
duō	多	（副）	多めに	7
duōcháng shíjiān	多长时间		どのくらいの時間	○3

E

è	饿	（形）	空腹である	○6
éi	欸	（感）	（意外だという気持ち）あれ	8
ěrduo	耳朵	（名）	耳	*8

F

fā shāo	发烧	（動）	熱が出る	*2
fāshēng	发生	（動）	起こる、発生する	○10
fāyīn	发音	（名）	発音	○4
fānyì	翻译	（動・名）	通訳する、通訳	1
fàndiàn	饭店	（名）	レストラン、ホテル	8
fàng	放	（動）	置く	○8
fàng	放	（動）	（音楽を）流す	9
fàng jià	放假	（動）	休暇に入る	*1
fàngsōng	放松	（動）	リラックスする	5
fàng xīn	放心	（動）	安心する	1, *4
fàng xué	放学	（動）	授業終了、下校	*1
fěnhóng	粉红	（形）	ピンク	*7
fēngjǐng	风景	（名）	風景、景色	9
fēngyè	枫叶	（名）	カエデの葉	5
fú	幅	（量）	〜枚、〜幅	5
fútī	扶梯	（名）	エスカレーター	9
fúwùtái	服务台	（名）	フロント	○8
fùmǔ	父母	（名）	両親	7
fùyìn	复印	（動）	コピーする	○8
fùzá	复杂	（形）	複雑だ	7

G

gǎnmào	感冒	（動）	風邪をひく	*2
gǎnxiè	感谢	（動）	感謝する	9
gǎn xìngqù	感兴趣		興味がある	○6
gàn	干	（動）	する、やる	○1
gāng	刚	（副）	〜したばかり、たった今	8
gāngcái	刚才	（名）	さきほど	○7
gāngqín	钢琴	（名）	ピアノ	○1
gāotiě	高铁	（名）	高速鉄道	6

gēwǔjì	歌舞妓	（名）	歌舞伎	○5
gèzi	个子	（名）	背丈	10
gèng	更	（副）	さらに、もっと	○10
gōngchǎng	工厂	（名）	工場	3
gōngfēn	公分	（量）	センチメートル	10
gōngjìng bùrú cóngmìng	恭敬不如从命	（慣）	仰せの通りにいたします	8
gōnglǐ	公里	（名）	キロメートル	○2
gōngzuò wǔcān	工作午餐	（名）	ビジネスランチ	4
gǒu	狗	（名）	イヌ	*10
gòu	够	（動）	足りる	5
guà	挂	（動）	掛ける	○9
guān	关	（動）	切る、閉める、閉まる	○9
guó	国	（名）	国	3
guò	过	（動）	過ごす	6

H

háishi	还是	（副）	やはり～	8
hǎiguān	海关	（名）	税関	*6
hài pà	害怕	（動）	怖がる	*4
Hànzì	汉字	（名）	漢字	○10
Hángzhōu	杭州	（名）	杭州	3
hǎohāor	好好儿	（副）	よく、きちんと	5
hǎojǐ	好几	（数）	何回も	○5
hétong	合同	（名）	契約	1
hèniánpiàn	贺年片	（名）	年賀状	○8
hēi	黑	（形）	黒い	○5,*7
hěn shǎo	很少		めったに～ない	5
hóng	红	（形）	赤い、紅い	5,*7
hóngyè	红叶	（名）	紅葉	5
hóuzi	猴子	（名）	サル	*10
hòu	厚	（形）	厚い	○10
hòuhuǐ	后悔	（動）	後悔する	*4
hùzhào	护照	（名）	パスポート	○4
huā	花	（動）	（時間・金銭を）つかう、費やす	○8
huāpíng	花瓶	（名）	花瓶	○10
huá	滑	（動）	滑る	1
huà	画	（動）	描く	○1
huà	话	（名）	話	○7
huàr	画儿	（名）	絵	5

huàzhǎn	画展	（名）	絵画展	○9
huài	坏	（動）	壊れる、傷む、腐る	8
huàn	换	（動）	替える、着替える	○9
huáng	黄	（形）	黄色い	*7
huīsè	灰色	（名）	グレー	*7
huílái	回来	（動）	帰ってくる	2
huí tóu	回头	（動）	振り返る	10
huìyì	会议	（名）	会議	○2
huò(zhě)	或（者）	（接）	あるいは	7
huò bù dān xíng	祸不单行	（成）	災いは重なるものである	8

J

jī	鸡	（名）	ニワトリ	*10
jīchǎng	机场	（名）	空港	9
jí	急	（動）	焦る、慌てる	8
jíle	极了		とても、実に	7
jíshì	急事	（名）	急用	○8
jǐshí	几十		数十	○5
jì	寄	（動）	郵送する	8
jìhǎo	系好	（動）	しっかり締める、結ぶ	6
jìhuà	计划	（名・動）	計画（する）、プラン	○1
jìjié	季节	（名）	季節	1
jiā	家	（量）	～軒	5
jiāli	家里	（名）	家、家庭	4
jiā yóu	加油	（動）	頑張る、努力する、応援などでいう「がんばれ」	10
jiǎ	甲	（名）	甲	10
jiàzhào	驾照	（名）	運転免許証	○8
jiān	肩	（名）	肩	*8
jiānbing	煎饼	（名）	中国式クレープ	4
jiǎnchá	检查	（動）	検査する	○5
jiǎndān	简单	（形）	簡単である	○10
Jiàntài	健太	（名）	健太	2
jiǎngzuò	讲座	（名）	講座	○8
jiàngluò	降落	（動）	着陸する	*6
jiāo	交	（動）	手渡す	○8
jiǎo	脚	（名）	足（くるぶしから下）	*8
jiào	叫	（動）	～させる、～するようにいう	○2
jiào	叫	（動）	（人を）呼ぶ、叫ぶ	○7
jiē	接	（動）	出迎える、迎える	9

jiēdài	接待	（動）	接待する	6
jiēzhe	接着	（副）	引き続き、続けて	10
jiéshù	结束	（動）	終わる	○6
jīn	金	（形）	金	*7
jǐnzhāng	紧张	（形）	忙しい、緊張する	5
jìn	进	（動）	入る	7
jīngcháng	经常	（副）	いつも、常に	6
jīngjìcāng	经济舱	（名）	エコノミークラス	*6
jīngjù	京剧	（名）	京劇	○5
jǐngchá	警察	（名）	警官	○10
jǐngdiǎn	景点	（名）	観光スポット	5
jiǔ	久	（形）	長い、久しい	10
jǔ	举	（動）	掲げる、持ち上げる	9
jǔ shǒu	举手	（動）	手を挙げる	*1
jùhuì	聚会	（名）	パーティー、集まり	○2
jùlèbù	俱乐部	（名）	クラブ	*1
jùzi	句子	（名）	文、センテンス	○8
juésài	决赛	（名）	決勝戦	8

K

kāi	开	（動）	開ける、開く、スイッチを入れる	2
kāi xué	开学	（動）	学期始まり	*1
kān	看	（動）	見守る、世話をする	7
kàn	看	（動）	見て判断する、観察する	10
kàn bìng	看病	（動）	受診する、診察する	*2
kǎo	烤	（動）	あぶる、焼く	*5
kǎolǜ	考虑	（動）	考える、考慮する	9
kǎoshì	考试	（名・動）	テスト（する）	*1
kǎoyā	烤鸭	（名）	北京ダック	○5
késou	咳嗽	（動）	咳が出る	*2
kě'ài	可爱	（形）	かわいい	○10
kělián	可怜	（形・動）	かわいそうである、憐れむ	7
kěnéng	可能	（助動・副）	～かもしれない	○9
kěnéng	可能	（形）	可能である、あり得る	10
kěxī	可惜	（形）	惜しい、残念である	○8
kèhù	客户	（名）	得意先、クライアント	1
kèjiān xiūxi	课间休息	（名）	授業の休み時間	*1
kèren	客人	（名）	客	○6
kètīng	客厅	（名）	リビング	7
kèwén	课文	（名）	教科書の本文	○3

kōngchéng	空乘	（名）	客室乗務員	*6
kōngtiáo	空调	（名）	エアコン	8
kǒuyǔ	口语	（名）	口語、話し言葉	○6
kū	哭	（動）	泣く	○9
kùzi	裤子	（名）	ズボン	*9, ○10
kuài	快	（副）	急いで、早く	6
kùnnan	困难	（名・形）	困難（である）	○6

L

lā dùzi	拉肚子	（動）	下痢をする	*2
lājī	垃圾	（名）	ゴミ	2
là	辣	（形）	辛い	*5
láidejí	来得及	（動）	間に合う	○8
lán	蓝	（形）	青い	5, *7
lǎobǎn	老板	（名）	経営者、社長	○8
lǎohǔ	老虎	（名）	トラ	*10
lǎojiā	老家	（名）	ふるさと	○5
lǎopiāozú	老漂族	（名）	子や孫の世話のため故郷を離れて暮らす老人	7
lǎorén	老人	（名）	老人	7
lèi	累	（形）	疲れている	○7
lí kāi	离开	（動）	離れる	○5
lǐmào	礼貌	（名・形）	礼儀、礼儀正しい	○9
lián~dōu/yě…	连~都／也…		～すら、～さえ	10
liǎnsè	脸色	（名）	顔色	8
liáng	凉	（形）	冷たい、涼しい	○5
liáo	聊	（動）	おしゃべりする	4
liáo tiānr	聊天儿	（動）	おしゃべりする	○5
lǐngdài	领带	（名）	ネクタイ	*9
liúlì	流利	（形）	流暢である	○4
Liú Lì	刘力	（名）	劉力（人名）	7
lóu	楼	（名）	階	10
lùshang	路上	（名）	途中、道中、路上	4
lùyīn	录音	（名・動）	録音（する）	○1
luànmǎ	乱码	（名・動）	文字化け（する）	*3
lǚ	旅	（名）	旅	5
lǚguǎn	旅馆	（名）	旅館、ホテル	5
lǚkè	旅客	（名）	旅客	6
lǜ	绿	（形）	緑	*7
lǜsètōngdào	绿色通道	（名）	無申告通路	*6

M

máfan	麻烦	（名・動）	面倒、面倒をかける	9
mǎ	马	（名）	ウマ	*10
mǎdàhā	马大哈	（名・形）	粗忽者、そそっかしい	8
Mǎ Jìngyǔ	马敬宇	（名）	馬敬宇	6
mǎnyì	满意	（動）	満足する	*4
màn	慢	（形）	遅い	○1
màozi	帽子	（名）	帽子	*9
méi yìsi	没意思		つまらない、面白くない	○5
měijǐng	美景	（名）	美しい景色	7
mén	门	（名）	ドア、扉	2
mèng	梦	（名）	夢	○7
mèngjiàn	梦见	（動）	夢を見る	○7
Mīmi	咪咪	（名）	ミミ	2
mǐ	米	（量）	メートル	○2
mìmǎ	密码	（名）	パスワード	*3
miànzi	面子	（名）	面目、メンツ	8
míngbai	明白	（動）	わかる、理解する	○4

N

ná	拿	（動）	（手で）持つ、つかむ	8
Nàiliáng	奈良	（名）	奈良	5
nánshòu	难受	（形）	つらい	*4
nánwéiqíng	难为情	（形）	恥ずかしい	*4
nèiróng	内容	（名）	内容	○8
niǎojiàoshēng	鸟叫声	（名）	鳥の鳴き声	○7
niú	牛	（名）	ウシ	*10
nuǎnhuo	暖和	（形）	暖かい	○5
nǚpéngyou	女朋友	（名）	ガールフレンド、彼女	○5
nǚshì	女士	（名）	～さん（女性）	9

O

ò	噢	（感）	ああ、そうか	○7

P

pá	爬	（動）	登る、はう	○5
páizi	牌子	（名）	札、プラカード	9
pǎo	跑	（動）	走る	○1
pào	泡	（動）	つかる	1
péi	陪	（動）	お供をする、付き添う	3
pífū	皮肤	（名）	皮膚	*8
piào	票	（名）	切符、チケット	6

Q

qījiān	期间	(名)	期間	6
qí	齐	(形)	揃っている	9
qípáo	旗袍	(名)	チャイナドレス	*9
qítā	其他	(代)	その他の	9
qǐ	起	(動)	起きる	○1
qǐdiǎn	起点	(名)	スタートライン、出発点	10
qǐ'é	企鹅	(名)	ペンギン	*10
qǐfēi	起飞	(動)	離陸する	6,*6
qiān	签	(動)	サインする、署名する	1
qiānzhèng	签证	(名)	ビザ	7
qiánbāo	钱包	(名)	財布	○8
qiáng	墙	(名)	壁	○9
qīngchu	清楚	(形)	きれいだ、はっきりしている	○4
qīngdàn	清淡	(形)	あっさりしている	*5
qíngkuàng	情况	(名)	様子、情況	4
qǐng	请	(動)	〜していただく	○2
qǐng kè	请客	(動)	おごる、ごちそうする、招待する	8
qiū gāo qì shuǎng	秋高气爽	(成)	秋空高く清々しい	5
qiūtiān	秋天	(名)	秋	5
qúnzi	裙子	(名)	スカート	*9

R

ránhòu	然后	(接)	それから	4
ràng	让	(動)	〜させる、〜するようにいう	2
rènao	热闹	(名・形)	にぎわい、にぎやかである	10
rèqíng	热情	(形)	親切である	○9
rēng	扔	(動)	捨てる	2
Rìguāng	日光	(名)	日光	5
Rìliào	日料	(名)	日本料理	1
Rìshì	日式	(名)	日本式	5
Rìwén	日文	(名)	日本語	○2
Rìyǔ	日语	(名)	日本語	○2
rúguǒ	如果	(接)	もしも	10
rù jìng	入境	(動)	入国する	*6
rùxué diǎnlǐ	入学典礼	(名)	入学式	*1

S

sēnlín	森林	(名)	森林	10
Shānběn	山本	(名)	山本	5
shānshuǐ	山水	(名)	山水	○9

shāngwùcāng	商务舱	（名）	ビジネスクラス	*6
shāng xīn	伤心	（形）	悲しい	*4
shàng kè	上课	（動）	授業に出る、授業をする	○1
shàngyǎn	上演	（動）	上演する	○8
shǎo	少	（動）	減る、少なくなる	○10
shèbèi	设备	（名）	設備	4
shēnyè	深夜	（名）	深夜、夜中	8
shēng qì	生气	（動）	怒る	*4
Shèngdàn (jié)	圣诞（节）	（名）	クリスマス	○8
shèngkāi	盛开	（動）	満開である	7
shīfu	师傅	（名）	師匠、運転手などに対する呼びかけ	○8
shīwàng	失望	（動）	がっかりする	*4
shīzi	狮子	（名）	ライオン	*10
shí	时	（名）	時、時分	7
shì	事	（名）	用事、こと	○2
shìgù	事故	（名）	事故	8
Shìjièbēi	世界杯	（名）	ワールドカップ	8
shǒu	手	（名）	手	○4
shǒutào	手套	（名）	手袋	*9
shǒuxù	手续	（名）	手続き	7
shū	输	（動）	負ける	10
shūfu	舒服	（形）	気持ちがよい、心地よい	9
shūjià	书架	（名）	本棚	○10
shúxi	熟悉	（動）	よく知っている	5
shǔbiāo	鼠标	（名）	マウス	*3
shù	树	（名）	木、樹木	10
shuǎngkuài	爽快	（形）	爽快である	*4
shuì wǔjiào	睡午觉	（動）	昼寝をする	○3
shuìyī	睡衣	（名）	パジャマ	*9
shùnlì	顺利	（形）	順調である	4
sījī	司机	（名）	運転手	9
Sìchuāncài	四川菜	（名）	四川料理	○4
sòng	送	（動）	送る	2
sōusuǒ	搜索	（動）	検索する	*3
Sūzhōu	苏州	（名）	蘇州	3
suān	酸	（形）	酸っぱい	*5
suàn	算	（動）	～とみなす、～とする	9
suīrán~dànshì…	虽然~但是…		～ではあるけれども…だ	4
sūnnǚ	孙女	（名）	孫（女）	7

sūnzi	孙子	（名）	孫（男）	7
T				
tā(men)	它(们)	（代）	それ（ら）、あれ（ら）	2
tài	太	（副）	〜すぎる	3
tàitai	太太	（名）	妻	7
tán	弹	（動）	弾く、演奏する	○1
tán	谈	（動）	語る、話し合う	7
tán huà	谈话	（動）	話す、話し合う	9
tàn qīn	探亲	（動）	親族を訪ねる	7
tǎng	躺	（動）	横になる、寝そべる	○9
tǎo yàn	讨厌	（形・動）	嫌う、嫌だ	*4
tèkuài	特快	（形）	特急の、特に速い	9
tèyì	特意	（副）	わざわざ、特に	9
tíxǐng	提醒	（動）	気づかせる、注意を与える	6
tǐwēn	体温	（名）	体温	10
tǐyàn	体验	（動）	体験する	5
tiān	天	（名）	空	○5
tiān	添	（動）	加える、付け加える	9
tiānkōng	天空	（名）	空	5
tiānqì	天气	（名）	天気	○5
tiānxià	天下	（名）	天下、世の中	7
tián	甜	（形）	甘い	*5
Tiánzhōng	田中	（名）	田中	1
tiào	跳	（動）	踊る、跳ぶ	○1
tiào cáo	跳槽	（動）	転職する	8
tiē	贴	（動）	貼る	○9
tīngshuō	听说	（動）	聞くところによると	5
tīngxiě	听写	（動）	聞き取りする	*1
tíng	停	（動）	停める、止まる	9
tóngyì	同意	（動）	同意する、賛成する	10
tóu	头	（名）	頭	○6, *8
tóufa	头发	（名）	髪	○5, *8
tóu téng	头疼	（動）	頭痛	*2
tóu yūn	头晕	（動）	めまいがする	*2
tùzi	兔子	（名）	ウサギ	10
tuán	团	（名）	団体、集団	9
tuǐ	腿	（名）	足（くるぶしから上）	*8
W				
wā	哇	（感）	わっ（驚きを表す）	○4

182

wàzi	袜子	（名）	くつした	*9
wàidì	外地	（名）	他の土地、地方	7
wàitào	外套	（名）	ジャケット	*9
wán	完	（動）	終わる	○7
wǎn	晚	（形）	遅い	○1
wǎn diǎn	晚点	（動）	（予定時刻より）遅れる	9
wǎnfàn	晚饭	（名）	晚ご飯	2
Wáng Wén	王雯	（名）	王雯	3
wǎng	往	（介）	～の方へ、～に向けて	10
wǎngkè	网课	（名）	オンライン授業	○1
wǎngqiú	网球	（名）	テニス	○1
wǎngshàng	网上	（名）	オンライン上	6
wǎngyè	网页	（名）	ホームページ	*3
wàng	忘	（動）	忘れる	○1
wēixiǎn	危险	（名・形）	危険、危ない	○9
wéijīn	围巾	（名）	スカーフ	*9
wèi	位	（量）	人を数える（敬意を含む）	9
wèi	为	（介）	～のために	10
wèi téng	胃疼	（動）	胃痛	*2
wēnquán	温泉	（名）	温泉	1
wénhuà	文化	（名）	文化	5
wěn	稳	（形）	安定している、穏やかだ	○4
wūguī	乌龟	（名）	カメ	10
wǔfàn	午饭	（名）	昼ご飯	○4

X

xīfú	西服	（名）	スーツ	*9
xī yān	吸烟	（動）	タバコを吸う	○2
xīzhuāng	西装	（名）	スーツ	*9
xǐ	洗	（動）	洗う	○4
xǐ zǎo	洗澡	（動）	入浴する、風呂に入る	○1
xià kè	下课	（動）	授業が終わる、授業を終える	○3
xiàqù	下去	（動）	下りていく	9
xià yǔ	下雨	（動）	雨が降る	○10
xiàzài	下载	（動）	ダウンロードする	*3
xiān	先	（副）	先に、はじめに	3
xián	咸	（形）	塩辛い	*5
xiǎng	想	（動）	考える	○2
xiàng	像	（動）	似る、似ている	○9
xiàng~yíyàng	像～一样		まるで～のようだ	5

xiàngsheng	相声	(名)	漫才	10
xiǎo~	小~	(接頭)	～君、～ちゃん	○4
xiǎochī	小吃	(名)	軽食、おやつ	4
xiǎoxuéshēng	小学生	(名)	小学生	○10
xiào	笑	(動)	笑う	○9
xié	鞋	(名)	靴	*9
xiěwán	写完	(動)	書き終わる	3
xīn	新	(形)	新しい	4
xīn	心	(名)	心、気持ち	7
xīnkǔ	辛苦	(形)	大変である、骨が折れる	○1
xīnshǎng	欣赏	(動)	鑑賞する	7
xīnzàng	心脏	(名)	心臓	*8
xíngchéng	行程	(名)	行程、スケジュール	6
xíngli	行李	(名)	荷物	9
xǐng	醒	(動)	目覚める	10
xióngmāo	熊猫	(名)	パンダ	*10
xiū	修	(動)	修理する	○7
xiūlǐ	修理	(動)	修理する	8
xiūxi	休息	(動)	休む、休憩する	8
xuèyā	血压	(名)	血圧	10

Y

yǎnjìng	眼镜	(名)	メガネ	○6
yǎnjing	眼睛	(名)	目	○5
yànhuì	宴会	(名)	宴会	4
yáng	羊	(名)	ヒツジ	*10
Yáng Lìfāng	杨丽芳	(名)	楊麗芳	6
yāo	腰	(名)	腰	*8
yào	要	(助動)	～すべきである、～しなければならない	4
yàomìng	要命		(程度が) ひどい	8
yàoshi	钥匙	(名)	鍵	○8
yèzi	叶子	(名)	木の葉	5
yīguì	衣柜	(名)	洋服ダンス、クローゼット	○8
yíbàn	一半	(数)	半分	○8
yíhuìr	一会儿	(数量)	少し、ちょっと	3
yíqiè	一切	(代)	すべて、一切	4
yíxià	一下	(数量)	少し、ちょっと	1
yíxiàzi	一下子	(副)	あっという間に、急に	10
yǐ	乙	(名)	乙	10
yǐjīng	已经	(副)	すでに、もう	3

yǐqián	以前	(名)	以前	3
yìsi	意思	(名)	意味	○7
yìxíng	一行	(名)	一行	9
yì yán wéi dìng	一言为定	(慣)	約束だよ	1
yìzhí	一直	(副)	ずっと	4
yīnyuèhuì	音乐会	(名)	音楽会	2
yín	银	(形)	銀	*7
yīnggāi	应该	(助動)	～すべきだ	9
yīnghuā	樱花	(名)	桜	○6
yíng	赢	(動)	勝つ	10
yíngjiē	迎接	(動)	出迎える、迎える	9
yǐngzi	影子	(名)	影、姿	10
yōuyǎ	优雅	(形)	優雅である	9
yóunì	油腻	(形)	脂っこい	*5
yóuxì	游戏	(名)	遊び、ゲーム	○1
yǒudiǎnr	有点儿	(副)	少し、ちょっと	4
yǒumíng	有名	(形)	有名である	1
yòu~yòu…	又～又…		～もあり、また…でもある	4
yòu'éryuán	幼儿园	(名)	幼稚園	7
yúkuài	愉快	(形)	愉快だ	4
yǔ	雨	(名)	雨	○5
yǔfǎ	语法	(名)	文法	○4
yǔyī	雨衣	(名)	レインコート	*9
yùdìng	预订	(動)	予約する	5
yùjiàn	遇见	(動)	（偶然に）会う、出会う	10
yùyuē	预约	(名・動)	予約（する）	○4, 6
yuèláiyuè~	越来越～		ますます、だんだん	8

Z

zài	在	(副)	動作の進行を表す	1
zánmen	咱们	(代)	私たち（話し手と聞き手を含む）	5
Zàngwáng	藏王	(名)	蔵王	1
zǎo	早	(形)	早い	○1
zǎo diǎnr	早点儿		早めに	7
zǎojiù	早就	(副)	早くから、とっくに	10
zhá	炸	(動)	揚げる	*5
zhàn	站	(動)	立つ	9
Zhāng	张	(名)	張	9
Zhāng Hóng	张红	(名)	張紅	9
zhànghào	账号	(名)	アカウント	*3

zháojí	着急	（形）	焦る、気をもむ、イライラする	7
zhǎo	找	（動）	訪ねる、探す	○1
Zhào	赵	（名）	趙（姓）	○4
zhàogù	照顾	（動）	世話をする	7
zhàopiàn	照片	（名）	写真	○8
zhèyàng	这样	（代）	このように	○9
zhe	着	（助）	〜ている、〜てある	9
zhēng	蒸	（動）	蒸す	*5
zhèng	正	（副）	まさに	1
zhènghǎo	正好	（副）	都合よく、ちょうど	5
zhī	只	（量）	〜匹、〜羽、対になっているものの一つ	10
~zhī	～之	（助）	〜の	5
zhǐ	只	（副）	ただ、〜だけ、〜しかない	○2
zhǐyào~(jiù)…	只要～（就）…	（接）	〜でさえあれば…	8
zhì	治	（動）	治す、治療する	○8
zhōngdiǎn	终点	（名）	ゴール、終点	10
zhōngxún	中旬	（名）	中旬	7
zhōudào	周到	（形）	行き届いている	1
zhōumò	周末	（名）	週末	5
zhū	猪	（名）	ブタ	*10
zhǔ	煮	（動）	煮る、ゆでる	*5
zhù	住	（動）	住む、泊まる	○3
zhùcè	注册	（動）	登録する	*3
zhùhè	祝贺	（動）	祝う、祝賀する	1
zhùsù	住宿	（動）	泊まる	9
zhùyì	注意	（動）	注意する、気をつける	3
zhǔnbèi	准备	（動）	準備する	○7
zhǔnquè	准确	（形）	正確だ、正しい	○4
zǐ	紫	（形）	紫	*7
zìjǐ	自己	（名）	自分	2
zìzhùcān	自助餐	（名）	ビュッフェ	○6
zōngsè	棕色	（名）	茶色	*7
zǒu lù	走路	（動）	歩く	○7
zuǐ	嘴	（名）	口	*8
zuìjìn	最近	（名）	最近	5
zuǒyòu	左右		〜ぐらい、前後	○3
zuò fàn	做饭	（動）	ご飯を作る	○1
zuòyè	作业	（名）	宿題	○1

日中学院教材研究チーム

編集委員：

岩井伸子　　　小澤光惠
木野井美紗子　小池敏明
胡興智　　　　小松真弓
佐藤孝志　　　鈴木繁
高木美鳥　　　長澤文子
劉笑梅

イラスト：

浅山友貴

吹込み：

胡興智
陳淑梅
岩井伸子

表紙デザイン：細谷桃恵

新・学汉语2　－新・学漢語2－

2023 年 3 月 25 日　初版印刷
2023 年 3 月 30 日　初版発行

編著者　日中学院教材研究チーム
発行者　佐藤和幸
発行所　白帝社
〒 171-0014　東京都豊島区池袋 2-65-1
電話　03-3986-3271
FAX　03-3986-3272（営）／ 03-3986-8892（編）
https://www.hakuteisha.co.jp/

組版・印刷／倉敷印刷（株）　　製本／ティーケー出版印刷㈱

Printed in Japan〈検印省略〉6914　　　　ISBN978-4-86398-450-9
＊定価は表紙に表示してあります。

声母 \ 韻母	1 a	2 o	3 e	4 -i [ʅ][ɿ]	5 er	6 ai	7 ei	8 ao	9 ou	10 an	11 en	12 ang	13 eng	14 ong	15 i	16 ia	17 ie	18 iao	19 iou/-iu
1 b	ba	bo				bai	bei	bao		ban	ben	bang	beng		bi		bie	biao	
2 p	pa	po				pai	pei	pao	pou	pan	pen	pang	peng		pi		pie	piao	
3 m	ma	mo	me			mai	mei	mao	mou	man	men	mang	meng		mi		mie	miao	miu
4 f	fa	fo					fei		fou	fan	fen	fang	feng						
5 d	da		de			dai	dei	dao	dou	dan	den	dang	deng	dong	di	dia	die	diao	diu
6 t	ta		te			tai		tao	tou	tan		tang	teng	tong	ti		tie	tiao	
7 n	na		ne			nai	nei	nao	nou	nan	nen	nang	neng	nong	ni		nie	niao	niu
8 l	la	lo	le			lai	lei	lao	lou	lan		lang	leng	long	li	lia	lie	liao	liu
9 g	ga		ge			gai	gei	gao	gou	gan	gen	gang	geng	gong					
10 k	ka		ke			kai	kei	kao	kou	kan	ken	kang	keng	kong					
11 h	ha		he			hai	hei	hao	hou	han	hen	hang	heng	hong					
12 j															ji	jia	jie	jiao	jiu
13 q															qi	qia	qie	qiao	qiu
14 x															xi	xia	xie	xiao	xiu
15 zh	zha		zhe	zhi		zhai	zhei	zhao	zhou	zhan	zhen	zhang	zheng	zhong					
16 ch	cha		che	chi		chai		chao	chou	chan	chen	chang	cheng	chong					
17 sh	sha		she	shi		shai	shei	shao	shou	shan	shen	shang	sheng						
18 r			re	ri				rao	rou	ran	ren	rang	reng	rong					
19 z	za		ze	zi		zai	zei	zao	zou	zan	zen	zang	zeng	zong					
20 c	ca		ce	ci		cai		cao	cou	can	cen	cang	ceng	cong					
21 s	sa		se	si		sai		sao	sou	san	sen	sang	seng	song					
	a	o	e		er	ai	ei	ao	ou	an	en	ang			yi	ya	ye	yao	you

20	21	22	23	24	25	26	27	28	29	30	31	32	33	34	35	36	37
ian	in	iang	ing	iong	u	ua	uo	uai	uei -ui	uan	uen -un	uang	ueng	ü	üe	üan	ün
bian	bin		bing		bu												
pian	pin		ping		pu												
mian	min		ming		mu												
					fu												
dian			ding		du		duo		dui	duan	dun						
tian			ting		tu		tuo		tui	tuan	tun						
nian	nin	niang	ning		nu		nuo			nuan				nü	nüe		
lian	lin	liang	ling		lu		luo			luan	lun			lü	lüe		
					gu	gua	guo	guai	gui	guan	gun	guang					
					ku	kua	kuo	kuai	kui	kuan	kun	kuang					
					hu	hua	huo	huai	hui	huan	hun	huang					
jian	jin	jiang	jing	jiong										ju	jue	juan	jun
qian	qin	qiang	qing	qiong										qu	que	quan	qun
xian	xin	xiang	xing	xiong										xu	xue	xuan	xun
					zhu	zhua	zhuo	zhuai	zhui	zhuan	zhun	zhuang					
					chu	chua	chuo	chuai	chui	chuan	chun	chuang					
					shu	shua	shuo	shuai	shui	shuan	shun	shuang					
					ru	rua	ruo		rui	ruan	run						
					zu		zuo		zui	zuan	zun						
					cu		cuo		cui	cuan	cun						
					su		suo		sui	suan	sun						
yan	yin	yang	ying	yong	wu	wa	wo	wai	wei	wan	wen	wang	weng	yu	yue	yuan	yun

中国地図

黑龙江省
Hēilóngjiāng Shěng

哈尔滨
Hā'ěrbīn

内蒙古自治区
Nèi-Měnggǔ Zìzhìqū

长春
Chángchūn

吉林省
Jílín Shěng

沈阳
Shěnyáng

呼和浩特
Hūhéhàotè

辽宁省
Liáoníng Shěng

北京市
Běijīng Shì

河北省
Héběi Shěng

太原
Tàiyuán

石家庄
Shíjiāzhuāng

天津市
Tiānjīn Shì

济南
Jǐnán

山西省
Shānxī Shěng

山东省
Shāndōng Shěng

西安
Xī'ān

郑州
Zhèngzhōu

江苏省
Jiāngsū Shěng

省
Shěng

河南省
Hénán Shěng

安徽省
Ānhuī Shěng

南京
Nánjīng

上海市
Shànghǎi Shì

湖北省
Húběi Shěng

合肥
Héféi

市
Shì

武汉
Wǔhàn

杭州
Hángzhōu

长沙
Chángshā

qìng Shì

浙江省
Zhèjiāng Shěng

南昌
Nánchāng

湖南省
Húnán Shěng

江西省
Jiāngxī Shěng

福建省
Fújiàn Shěng

台北
Táiběi

福州
Fúzhōu

壮族自治区
ngxī Zhuàngzú Zìzhìqū

广东省
Guǎngdōng Shěng

台湾省
Táiwān Shěng

宁
nníng

广州
Guǎngzhōu

香港
Xiānggǎng

澳门
Àomén

海口
Hǎikǒu

海南省
Hǎinán Shěng